"十二五"国家重点出版物出版规划项目
国家汉办新世纪汉语本科系列教材研发项目
汉语言专业本科系列教材·综合类

INTERMEDIATE CHINESE: COMPREHENSIVE COURSE (I)
中级汉语综合教程 上

本册主编：刘苏乔
编　　者：刘苏乔　聂凤春

ERYA CHINESE
尔雅中文

北京语言大学出版社
BEIJING LANGUAGE AND CULTURE UNIVERSITY PRESS

汉语言专业本科系列教材

总　序

《尔雅中文——汉语言专业本科系列教材》（以下简称《尔雅中文》）是面向以汉语作为第二语言的学习者的汉语言专业本科学历教育教材，是继上世纪 90 年代至本世纪初出版的《对外汉语本科系列教材》之后推出的新一代大型系列教材。

近年来，国际职场对复合型汉语人才的需求猛增，对专业建设、教学改革、课程建设以及教材编写都提出了新的要求。我们顺应这一发展趋势，将汉语言专业的人才培养目标由以往单纯强调语言技能的"汉语专门型人才"调整为目前的具备"语言 + 专业"复合能力的"汉语通用型人才"，在汉语言专业陆续增设一些新的方向，凸显出汉语言专业课程体系的时代特色。但是，我们充分认识到，对于汉语言专业的学生而言，核心问题仍是如何更有利于自身语言能力的提高，特别是语言交际能力、认知能力、跨文化交流能力等综合性、复合型能力的提升。因此，虽在语言技能、语言知识课程外增设了较为系统的历史文化、国情社会、经济商务等方向课程，但是，这些课程不是仅用来灌输知识的，而是为更好地扩展语言能力而服务，以语言能力培养为核心的理念并未改变。

《尔雅中文》教材体系与专业课程体系紧密相连，包含了横向和纵向两个序列：横向上，在不断完善语言技能、语言知识、文化系列教材的基础上，增设了较为系统的商务、翻译、教学等专业方向的专业语言技能和专业知识教材；纵向上，建立起更为缜密的综合课与听、说、读、写、译各分技能课的一至四年级的梯度等级，平衡了一般技能课跟各序列的专业技能课、知识课的比例。横向与纵向协调发展，形成了汉语言专业本科大型教材的网状系统，最大程度地体现出专业教学的系统性、关联性、层级性和针对性，也为以汉语言专业为依托、面向汉语作为第二语言学习者的本科专业群的建设奠定了坚实的基础。《尔雅中文》教材相对应的课程序列与梯度等级如图所示：

课程序列与梯度等级示意图

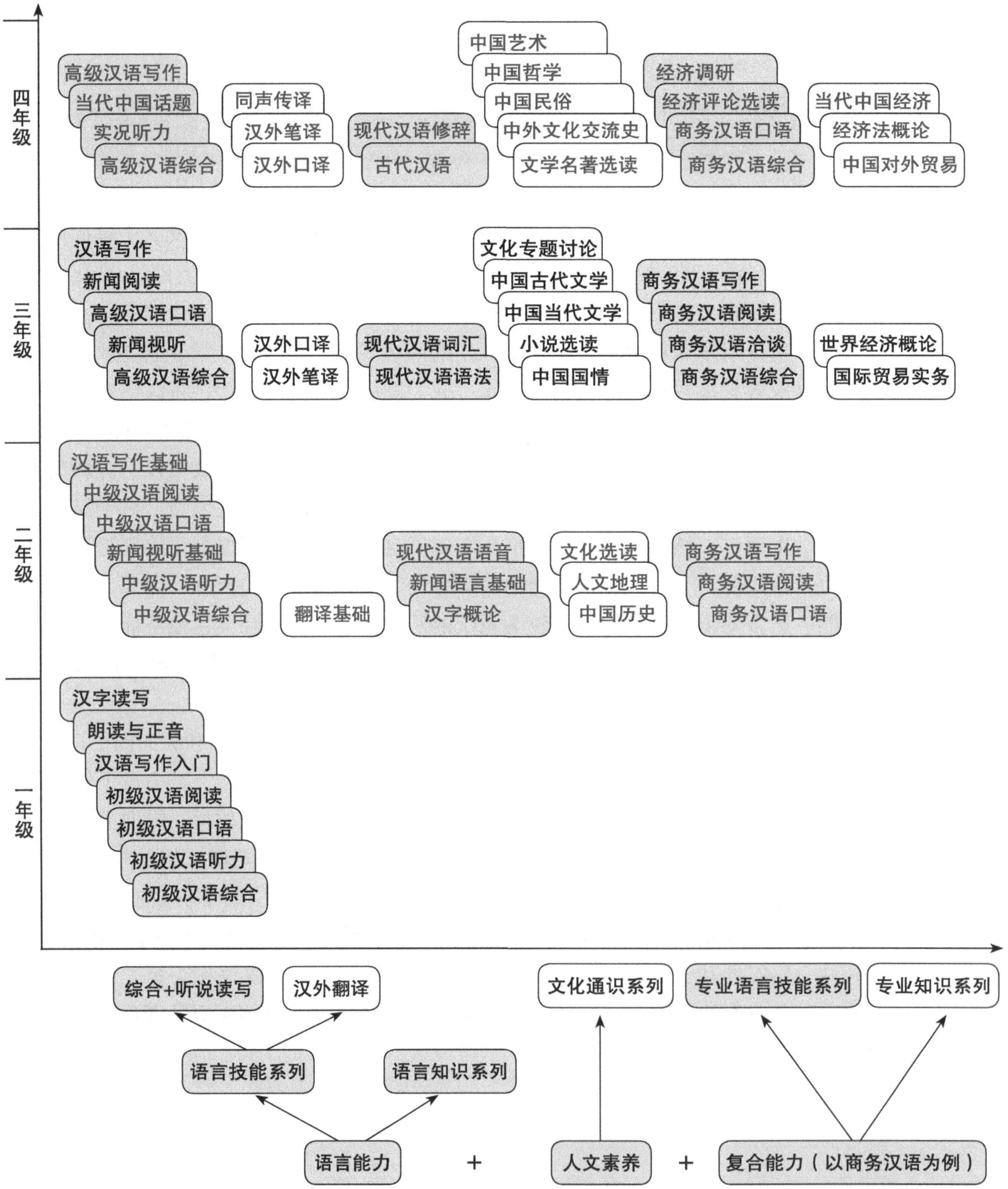

《尔雅中文》系列教材在继承上一代《对外汉语本科系列教材》长处的同时，更加贴近现实社会需要和学习者的需求，也融入了近些年汉语言专业课程建设与教学改革的多方面成果，从而呈现出崭新的面貌，形成了自己的特点。概括起来有以下四点：

一、总体设计更具系统性和前瞻性，最大程度地反映出专业人才培养的新目标

语言技能、语言知识、文化知识、专业语言技能、专业知识五大板块既相互关联，又各自独立。语言技能课程贯穿始终，凸显以养成语言能力为主的专业发展理念；文化知识序列不断丰富，体现出对汉语国际教育本质的全面认识，自觉地将提升人文素质、培养全面发展的人作为汉语言专业本科教育的最终目标。专业技能和知识课程在中高级阶段逐步增加，循序渐进，实现由初级的“语言技能＋语言知识”基础能力向中高级的“语言＋专业”综合能力的自然过渡。同时，各专业方向的教材都具有自身特色，自成体系，体现了统一中的多样性，也体现了专业人才培养模式向厚基础、宽口径、复合型的转变。

二、语言技能序列的设计更具延展性，结构更加合理

作为面向汉语作为第二语言学习者的汉语言专业本科系列教材，由汉语综合技能与以“听、说、读、写”分立形成的各分技能训练无疑是其主干部分。这套教材的设计与编写，不仅填补了中高级阶段“听、说、读、写”分技能教材的诸多空白，而且增强“译”这一重要的技能，形成了“听、说、读、写、译”各自独立并相互关联的完整的分技能序列。与此同时，初、中、高各教学阶段逐层递进，且横向延伸，使得语言技能教材序列更加协调和完整。由于汉语综合课以及听、说、读、写、译各技能课都自成体系，具备面向初、中、高三个阶段、四个年级的多层级和覆盖面广的特点，因此，教材的使用范围、对象就不限于本科学历教育，而是对各种层次和需求的中文学习者都具有不同程度的适用性，可以各取所需。

三、强化以学习者为中心的教材编写意识，跨文化视角更加突出

编写者大都为多年从事汉语作为第二语言教学工作的资深教师，基本上都具有海外汉语教学的经历，对不同课型的教学原则和实践策略有着较为深入的了解和体会，对大量的同类汉语教材的编写理念以及教学法、跨文化交际理论等做过前期研究。从教师规划学习内容、层级、知识点，到编排教材中的练习及设计课堂活动，尽量从学生学习的视角和跨文化的视角去安排、镕裁，换言之，更加重视教材编排跟教学过程、习得过程与效果的关联程度，使语言及文化、商务的教材内容丰富而生动，以提高学生主动学习的兴趣以及课堂活动的参与度。

四、通过调查统计、大纲设计和试用试验等环节，使教材编写有章可循，科学实用

新一代汉语言专业本科系列教材的编写工作启动于2007年，首先对原有教材、国内外市场同类教材的使用情况进行调研。编写者均为相应课型的任课教师，且大多参与过上一代教材的编写工作，对任务轻重和努力方向都有较深的体会。同时，组织资深的教学研究专家以及语言、文化、商务、翻译等领域专家，与教材编写小组共同研讨，确立各部教材的基调，审阅推敲文稿，斟酌取舍。教材编写过程较长，各位作者付出了大量心血，已编成的教材提交出版前大多试用过几个学期，对象涉及来自世界上80多个国家和地区的上千名留学

生，每学期试用后，教师都会汇总情况，分析研究，做出适当的修订、更新。

大纲是教材编写的重要前提，并贯彻于整个编写过程。教材与大纲处于动态关系之中，大纲统摄教材，但并非一成不变，教材编写促使大纲趋于完善。本系列教材主要参照《高等学校外国留学生汉语言专业教学大纲》（2002）和《新汉语水平考试大纲（1-6级）》（2009、2010），同时参酌各类语言大纲、框架、标准、词表、调查报告等研究成果，其中的各个序列、各部教材都按照自身性质与类型，研制了便于操作的词汇、语法、功能及话题大纲，既自成一体，又相互照应。对此，各部教材都有自己的编写前言，会做更详细的说明。大纲编订与教材编写相辅相成，教材一面世，大纲也随即推出，如商务汉语方向的教材编写者同时研制出版了《经贸汉语本科教学词汇大纲》（2012），文化大纲的编订也与教材编写协调配合，这些使得教材编写的科学性和内在系统性得以保障。

根据不同的课程性质和专业方向，《尔雅中文》系列教材划分为四大序列：汉语言技能与知识；汉外翻译；文化通识；商务汉语。翻译往往被视为一种语言技能，原本可归入语言技能与知识序列，但鉴于翻译能力是一种复合能力，翻译类课程及教材在一至四年级自成一统，翻译综合课、口译课、笔译课等体系完备，且涉及多个国别，所以这里单列出来。

北京语言大学面向留学生开办汉语言专业的本科学历教育，始于上世纪70年代末，其成长过程历史地见证了中国改革开放以来汉语国际教育的发展。历经几代人的辛勤努力，2008年9月，汉语言专业被批准为国家级高等学校特色专业，2010年7月，汉语言专业教学团队被评为国家级教学团队。这套教材的大部分编著者均出自这一专业团队。汉语言专业的每一步改革与创新，都离不开北语几代对外汉语教育工作者的关心与鼓励，离不开学校领导及海内外专家的大力支持。这里要特别感谢北京语言大学出版社董事长戚德祥、总编辑张健和各位责任编辑，这套教材历经数年终于得以问世，跟他们的严谨态度、耐心督促和细致工作密不可分，而教材得以入选新闻出版总署“十二五”国家重点出版物出版规划项目，正是教材编写规划团队与编辑出版团队精诚合作的结果。

系列教材取名“尔雅”，众所周知，《尔雅》是中国古代汇集分类专门词语以供人学习的经典，这里取其字面义，“尔”通“迩”，“尔雅”指趋于雅正、得体。语言学习不可一蹴而就，而是一个不断接近目标语和目标文化的累积过程，或许正因如此，英人威妥玛（Thomas Francis Wade）将其所编的汉语口语和书面语教材命名为《语言自迩集》和《文件自迩集》。我们编写新一代汉语言专业本科系列教材，同样是希望学生通过系统的学习，逐渐接近目标语言与文化，获得较强的跨文化交流能力，最终不仅要达到较高的汉语水平，而且要更加深入地了解中国社会政治经济和历史文化。

是为总序。

郭　鹏

于北京语言大学

编写说明

适用对象

本教材是留学生本科汉语言专业二年级必修课——中级汉语综合课教材，是为具备中级水平的汉语言本科生或长期进修生编写的。基本适用于已在全日制学校学过一年（约800学时）或已学完现代汉语基本语法，词汇量在2500个左右的汉语学习者。

编写原则

1. 注重实用性

教学是“教”与“学”的双边活动，教材的实用性也要从“教”与“学”两方面考虑。本教材的编写非常注重教学安排的实用性，不仅使教师用起来好用（重视教学环节的可操作性），同时使学生学起来觉得好学、爱学（重视教学内容的趣味性）。从教学实际出发，以学生为中心，一切为更快、更好地提高学生的语言运用能力服务，在结构设计、内容选择、注释和说明、练习题的设计等各方面，力求时时处处站在学习者的角度，用学习者的眼光来衡量和取舍。

2. 注重系统性

作为本科系列教材之一，本教材无论是词汇、语言点还是课文内容，都遵循由易到难、循序渐进的原则，词汇和语法注重重复再现。本教材注重与初级汉语和高级汉语教材的衔接，尤其是中级上下两册的衔接更为紧密。另外还注意与同级水平的其他单项技能课相互照应，相辅相成。

3. 继承和发展相结合

本教材的设计和编写从理论到实践、从体例编创到各环节的组织和安排，都考虑与以往教材的联系和区别，也就是继承和发展的问题。充分吸收以往中级汉语教材的长处和成功经验，摒除其不足，同时根据多年的教学经验，认真考虑所编教材整体和局部的创新（比如教材体例、练习形式的创新等）。

教材体例

本教材分为上下两册，供一学年两个学期使用，每册12课，总共24课。每课由课前提示、课堂学习、课堂练习和课后练习四大板块组成。下面对每一板块进行具体说明：

§ 课前提示

课前提示其实是课文的引子，是为了方便学生预习和了解有关本课话题而精心设计的。主要形式是设计几个跟本课话题相关的问题，引起学生思考，自然导入课文主题。

§ 课堂学习

课堂学习板块由词语表（其中包括重点词语扩展）、课文（根据需要，部分课文后附有课文注释）、语言点例释三大部分组成。

◇词语表

以中级词语为主，不排除少量的超纲词。专名单列。每个生词都在课文中标出序号以方便学生查找。为了方便学生养成正确的读音习惯，我们将生词中“一”和“不”的读音标注为实际读音。

每课词语表中，选出 6–8 个重点词语（一般为常用实词），列出它们的常用搭配和扩展，然后给出 2–3 个典型例句（对于多义词，一般以课文中出现的语义为主）。我们之所以把每一课重点词语的主要搭配形式安排在词语表中而没有单独列出，主要是考虑到教学的方便，按照课堂教学顺序进行处理，避免了教师和学生翻书查找。

◇课文

课文大都选自近年的报刊、杂志、书籍等，在尽量尊重原文的基础上根据教学需要进行适当改写。课文语料的题材比较广泛，通过多次调查问卷，我们选取了涉及学生感兴趣的包括社会、生活、恋爱、婚姻、家庭、教育、传统、科技、健康、交通等各类话题，同时注重语料的趣味性、实用性、知识性和时效性；另外还考虑到了课堂教学的可操作性，即文章主题适合师生课堂讨论和借题发挥，最大限度地为课堂教学服务。

课文长度适中，上册一般在 700–1200 字之间，下册一般在 1200–2000 字之间。

对课文中出现的一些难以理解的内容（社会背景、俗语、惯用语或者一些复杂的语言现象）以课文注释的方式进行简单解释，服务对象是学生。

◇语言点例释

从每课课文中出现的语法现象中选取 6–8 个中级语法点（一般为虚词或常用格式）进行讲解说明。对语言现象的解释尽量做到简单明了、深入浅出、通俗易懂，让学生能基本看懂，并注意吸收对外汉语语法教学研究的最新成果。另外，对于某些初级阶段出现过的语言点，到了中级阶段，不是简单的重复，而是在原来用法的基础上进行进一步的扩展或总结。

本教材最大的特点是，针对每一个语言点，加以解释和举例句，紧随其后的就是“即时练习”，主要是一些不需要用太长时间准备的完成句子或对话等相对比较简单的、很适合在课堂上完成的练习，目的是为了即学即用。

§ 课堂练习

为了方便教师的教学和学生的学习，我们把练习分为“课堂练习”和“课后练习”两部分。课堂练习编在课本中，主要是针对课文的内容而设计的一些适合口头表达的题型，比如根据课文内容回答问题、判断正误、填空、讨论以及课堂活动等。目的是加强学生对课文的理解与应用，体现课堂教学的交际性。最后还有一篇与课文主题相关的扩展阅读及练习，对课文的学习起到补充、强化的作用。

§ 课后练习

由于课堂教学的时间毕竟有限，不大可能针对每一个学生的不同需求进行充分的训练，因此大量的知识巩固与技能训练需要安排在课后进行。课后练习编排在学生练习册中（独立成册），练习册与课本配套使用。课后练习主要为综合性练习，题型丰富，既有针对词语的，也有针对句子和语段的，最后一题是课外应用题，是课堂教学的延伸与拓展。每一课的题量基本保持在十个左右。教师可以从中选择那些适于书面表达的题型留做课后作业，便于老师逐个批改。

使用建议

本教材由上下两册组成，可供汉语言专业本科生或学习汉语的长期进修生一个学年使用（包括复习考试），即第一学期学习上册，第二学期学习下册。上册建议平均 6–7 课时完成一课（每课时 50 分钟），下册建议 7–8 课时完成一课。

另外，本教材除了课本、练习册以外，还有配套的教案、练习答案、教学课件等教学资源可供选择使用。

编者

2012 年 12 月

语法术语表

语法术语	拼音	简称	英文
名词	míngcí	（名）	Noun
代词	dàicí	（代）	Pronoun
动词	dòngcí	（动）	Verb
形容词	xíngróngcí	（形）	Adjective
副词	fùcí	（副）	Adverb
数词	shùcí	（数）	Numeral
量词	liàngcí	（量）	Measure Word
介词	jiècí	（介）	Preposition
助词	zhùcí	（助）	Particle
连词	liáncí	（连）	Conjunction
叹词	tàncí	（叹）	Interjection
象声词	xiàngshēngcí	（象声）	Onomatopoeia
前缀	qiánzhuì	（前缀）	Prefix
后缀	hòuzhuì	（后缀）	Suffix
主语	zhǔyǔ		Subject
谓语	wèiyǔ		Predicate
宾语	bīnyǔ		Object
定语	dìngyǔ		Attributive
状语	zhuàngyǔ		Adverbial
补语	bǔyǔ		Complement

目　录

1 缘分

课前提示

1. 你觉得在哪些事情上需要有缘分？
2. 你最希望在什么时候、以什么方式遇到你的“另一半”？

课堂学习

词语

01-1

1	缘分	yuánfèn	（名）	lot or luck by which people are brought together 有缘分　需要缘分
2	大不了	dàbuliǎo	（形）	(*usu. in the negative*) alarming, serious 没什么大不了
3	团团转	tuántuán zhuàn		to go round and round, to pace about 急得团团转　忙得团团转
4	当面	dāng//miàn	（副）	to sb.'s face, in sb.'s presence 当面批评　当着他的面
5	托	tuō	（动）	to ask, to entrust 托朋友（办事）　托他一件事
6	热心	rèxīn	（形）	warm-hearted, enthusiastic 很热心 热心人　热心的朋友　热心观众 热心地帮助　热心地支持　热心地参加 热心为大家办事 （1）看到我提了很多行李，他热心地跑过来帮助我。 （2）他对环境保护工作一直很热心。

7	逼	bī	（动）	to force 别逼他　逼他结婚
8	相亲	xiāng//qīn	（动）	to go on a blind date 去相亲　相过亲
9	婚姻	hūnyīn	（名）	marriage 婚姻关系　幸福的婚姻
10	挂号	guà//hào	（动）	to register (at a hospital, etc.) 挂号室　挂个号　挂不上号
11	烦恼	fánnǎo	（形）	worried, vexed 十分烦恼　觉得很烦恼　烦恼极了 为小事烦恼　烦恼的表情 （1）看到他那副烦恼的样子，我就知道他又遇到麻烦了。 （2）父母总是逼着他去相亲，他十分烦恼。
12	挡箭牌	dǎngjiànpái	（名）	shield, excuse, pretext 一块挡箭牌　当做挡箭牌
13	老大不小	lǎo dà bù xiǎo		to have grown up and be no longer a child 老大不小的人　你老大不小了
14	借口	jièkǒu	（名、动）	excuse, pretext; to use as an excuse or pretext （名）找借口　没有借口　一个借口 （动）借口生病（不来）　借口有事（走了） 借口没有时间（拒绝了） （1）他以工作太忙为借口，没去参加那个会议。 （2）我不想陪她去逛街，可是一时找不到合适的借口拒绝她。 （3）他总是借口有病不来上课。
15	哎呀	āiyā	（叹）	*expressing surprise, amazement, complaint or impatience*
16	迎面	yíngmiàn	（副）	head-on, in one's face 迎面走来　迎面遇到
17	一刹那	yíchànà	（名）	in an instant, in a flash, in the twinkling of an eye 一刹那间
18	心动	xīndòng	（动）	to have one's desire, enthusiasm or interest aroused, to be tempted 他心动了　让人心动
19	小区	xiǎoqū	（名）	residential area, neighbourhood 一个小区
20	愣	lèng	（动）	dumbfounded, stupefied, dazed 愣住　愣了半天

21	咚咚	dōngdōng	（象声）	(*sound of beating a drum, knocking at a door, etc.*) dub-a-dub （心）咚咚地跳
22	感叹	gǎntàn	（动）	to sigh with feeling 感叹了半天
23	不已	bùyǐ	（动）	continuously, incessantly 心动不已　感叹不已
24	悄悄	qiāoqiāo	（副）	quietly, secretly 悄悄离开　悄悄地说
25	哼	hēng	（动）	to groan, to hum, to croon 哼了一声　哼着歌
26	开心	kāixīn	（形）	happy, joyous 非常开心　开心地笑
27	得意	déyì	（形）	proud of oneself, pleased with oneself, complacent 非常得意　觉得很得意 得意地说　得意地笑了笑 得意的样子　得意的感觉 （1）他得意地说："怎么样？我说我能赢他嘛，你还不信。" （2）大家都夸小王的女朋友漂亮，他心里很得意。
28	老婆	lǎopo	（名）	(*informal*) wife
29	轮椅	lúnyǐ	（名）	wheelchair
30	塞	sāi	（动）	to fill in, to stuff in 塞（住）耳朵　塞（住）瓶口　塞一些钱 塞住　塞进去　塞满　塞得很紧　塞到箱子里 往里塞　用力塞 （1）尽管小李不想要，可是哥哥还是往他手里塞了一百块钱。 （2）费了好大的力气，我才把那件毛衣塞进行李里。 （3）已经打开的葡萄酒，存放之前一定要用瓶塞儿把瓶口塞紧。
31	罚款	fá//kuǎn	（动）	to impose a fine, to fine 被罚款　罚了他的款
32	天空	tiānkōng	（名）	sky, heaven 天空中
33	天使	tiānshǐ	（名）	angel 像天使一样

34	陌生	mòshēng	（形）	unfamiliar, strange 觉得很陌生 陌生的环境　陌生的地方　陌生的语言 陌生的文化　陌生的面孔　陌生人 非常陌生　完全陌生 （1）刚来到这里的时候，他对一切都很陌生，现在已经逐渐熟悉起来了。 （2）我喜欢去旅行，了解陌生的文化，认识陌生的面孔。
35	男男女女	nánnán nǚnǚ		men and women
36	啪	pā	（象声）	*sound of clapping, slapping, a gunshot, etc.* 啪啪地响　啪的一声
37	火花	huǒhuā	（名）	spark, sparkle 爱的火花　擦出火花
38	哦	ò	（叹）	*expressing realization, understanding, etc.*
39	外籍	wàijí	（名）	foreign nationality 外籍老师　外籍职员
40	阳台	yángtái	（名）	balcony, veranda 阳台上
41	对劲	duìjìn	（形）	normal, right 不对劲
42	对面	duìmiàn	（名）	opposite, right in front, face to face 在对面　正对面　斜对面　马路对面 对面的邻居　对面的人 （1）马路对面走过来一个人，看上去好像在哪儿见过。 （2）乘火车时，她就坐在我的正对面，我们就是这样认识的。
43	哗哗	huāhuā	（象声）	*sound of gurgling and water flowing* 哗哗地响　哗哗的流水
44	恋人	liànrén	（名）	sweetheart, lover 一对恋人
45	相遇	xiāngyù	（动）	to meet, to come across 跟他相遇
46	长叹	chángtàn	（动）	to sigh deeply 长叹一声
47	命	mìng	（名）	lot, fate, destiny 命好　命苦

48	相会	xiānghuì	（动）	to meet each other 再次相会
49	相识	xiāngshí	（动）	to be acquainted with each other 跟他相识　相识很久
50	茫茫	mángmáng	（形）	boundless and indistinct, vast 茫茫的天空　茫茫大海　白雪茫茫
51	人海	rénhǎi	（名）	ocean or sea of faces, huge crowd of people 茫茫人海　在人海中
52	刻意	kèyì	（副）	sedulously, painstakingly 刻意地打扮　刻意准备
53	寻觅	xúnmì	（动）	to seek, to look for 刻意寻觅　四处寻觅
54	命中注定	mìng zhōng zhùdìng		decreed by fate, predestined 命中注定的缘分

专有名词

杭州	Hángzhōu	Hangzhou, the capital city of Zhejiang Province

课文

01-2

缘分[1]

一个男人到了30岁，还没结婚，这本来没有什么大不了[2]；但是，如果他连女朋友都没有，那……问题就来了。父母急得团团转[3]，还不好当着他的面[4]说。于是，托[5]热心[6]人介绍，逼[7]着他不断去相亲[8]，还让他到婚姻[9]介绍所去挂号[10]……他十分烦恼[11]，忍不住大叫："是缘分没有到嘛！"

世界上还真有“缘分”这东西？原来我总觉得那是某些人的挡箭牌[12]：“要看缘分啦……”或者老大不小[13]的人，眼比天高，就给自己找借口[14]：“哎呀[15]，不是我要求高，而是没有缘分啊！”要不，就是那些总找不到对象的人用来安慰自己：“下一次，一定有缘分……”

有一天，这个男人过马路，迎面[16]过来一个女孩子，两个人都想让对方，向左，向右，后来女孩子只好站住不动，在经过她身边的一刹那[17]，他心动[18]了，想：我要跟着她。于是，跟着女孩子走，拐来拐去的，在小区[19]的楼下，女孩子突然回头对他喊：“你想干什么？”他张大了嘴，一时竟说不出话来，愣[20]了半天，才伸出手来指指眼前的楼说：“我也住这里啊！”电梯里，心都咚咚[21]跳，女孩子按了五楼，男人按了六楼……原来，这两位就住楼上楼下！

结婚那天，听了他们的爱情故事，所有的人都感叹[22]不已[23]。缘分就是这样，在你不注意时，悄悄[24]地靠近你，当你发现时，原来就在身边啊！

那天我坐出租车，一路上，司机都哼[25]着歌，心情显得非常好，我问他：“什么事这么开心[26]啊！”他得意[27]地说：“我要结婚啦！老婆[28]就是我的客人，认识她的时候，她在路边拦出租车，别人都不停，因为她带着坐轮椅[29]的妈妈去医院。你想想，那么大的轮椅，后车箱塞[30]不进去呀，被警察看到了也许要罚款[31]呢！那天真奇怪了，我就不管了，拉她们！后来……好事就这样落到我身上了，她要做我老婆了！你说我开心不开心！”

真是缘分啊，缘分的天空[32]里，天使[33]为那些陌生[34]的男男女女[35]飞来飞去……让他们“啪[36]”地擦出爱的火花[37]。哦[38]，天使肯定忙得团团转！

于是，我又想到了姐姐的爱情故事。多年前，姐姐爱上了她的一位外籍[39]老师，我的父母都是非常传统的人，始终不同意，姐姐伤心地和他分了手……几年后，姐姐结婚，又离婚……一个冬天，下着雪，姐姐站在自己新搬的家的阳台[40]上看雪。看着看着，就觉得不对劲[41]了，再仔细看看对面[42]，那个阳台上，也站着个男人。好像有点熟悉呀，突然，姐姐愣住了，眼泪立刻哗哗[43]地流下来了……她以前的恋人[44]，竟然就站在对面的阳台上看着她！谁能想到，世界这样大，他出去又回来；杭州这样大，他竟然搬到了姐姐对面的楼里！他们就这样再次相遇[45]……并且，永远不再分开。

我妈妈忍不住长叹[46]一声："绕来绕去，怎么还是跟着他！这就是命[47]！"

有缘千里来相会[48]，无缘对面不相识[49]。茫茫[50]人海[51]，也许不必刻意[52]寻觅[53]，你的那份真爱，命中注定[54]就会来找上你。

（选自《最好的时光》，作者：王丽萍。有删改。）

语 言 点 例 释

（一）父母急得团团转，还不好当着他的面说。

"不好"，副词，用在动词前，做状语，表示后面的做法不好，不合适。例如：

（1）他现在工作那么忙，我们不好再去麻烦他。

（2）人家这么热心地来帮助我，我不好拒绝。

（3）当着这么多人的面，我也不好太严厉地批评他。

（4）这是她个人的事情，我不好多问。

（5）书都借了这么久了，不好不还给人家。

即时练习

◇用"不好"完成句子或对话：

1. 他正在睡觉，________________。

2. 他已经说过不愿意去了，________________。

3. 他这么热情地邀请我，________________。

4. A：这本书能借给我看看吗？

B：对不起，这不是我的，我________________。

（二）父母急得团团转，还不好当着他的面说。于是，托热心人介绍，逼着他不断去相亲……

"于是"，连词，表示后一件事接着前一件事，后一事往往是前一事引起的，通常用来叙述已经发生的事情。"于是"也可以用在主语后面。例如：

（1）他刚跑出来，忽然又想起书还没拿，于是连忙跑了回去。

（2）他这几天总担心，听医生这么一说，于是放下心来。

（3）过了一座山，又过了一条河，于是就到九寨沟了。

（4）她怎么也不同意，我于是只好想别的办法。
（5）最近突然降温了，于是，感冒的人多了起来。

即时练习

◇用“于是”完成句子：

1. 这段时间他一直坚持跑步，________________。
2. 他知道我喜欢吃辣的，________________。
3. 好朋友要结婚了，________________。
4. 等了好半天，他也没来，________________。

（三）他十分烦恼，忍不住大叫……

“忍不住”，是可能补语的否定形式。表示某种心理、情绪无法控制。肯定形式为“忍得住”。例如：

（1）说到这里，她忍不住流下了伤心的眼泪。
（2）见她那么不开心，他忍不住问：“你有什么心事吗？”
（3）他肚子疼得太厉害了，忍不住喊出了声。
（4）我很少生气，但这一次实在是忍不住了。
（5）怪不得她哭得这么伤心，遇到这种事情，谁能忍得住呢？

即时练习

◇用“忍不住”完成句子：

1. 看到他穿得这么奇怪，________________。
2. 他一玩起游戏来就不愿意放下，爸爸________________。
3. 每次见到漂亮的衣服，她________________。
4. 他知道喝酒不好，但是________________。

（四）……于是，跟着女孩子走，拐来拐去的……

“……来……去”，前后使用同一个动词或者两个意义相关的动词，组成“V来V去”格式。有下面两种情况：

A. 表示具体的动作行为的方向，一会儿向这边，一会儿向那边，来来回回重复进行。

例如：

（1）鸟儿在天空中飞来飞去，十分自由。
（2）老李在房间里焦急地走来走去，不知道有什么事。

B．表示动作行为反复地或者持续地进行，后面要求有说明结果的句子。

（3）我们整整花了一上午的工夫，研究来研究去，最后也没研究出个结果。
（4）我不想参加他的生日晚会，可想来想去也找不到一个合适的借口。
（5）小王考虑来考虑去，最后决定还是直接向她表白。
（6）他们俩争来吵去，最后差点儿打起来。

即时练习

◇用"V 来 V 去"完成句子：

1. 孩子们在公园里____________________，玩儿得十分开心。
2. ____________________，终于找到了他的家。
3. ____________________，也没选出一件让她满意的衣服。
4. 甲：昨天你们等到小李了吗？

   乙：____________________，最后他也没来。
5. 甲：你跟张强商量好了吗？到底决定去哪儿旅行？

   乙：____。

（五）他张大了嘴，一时竟说不出话来……

"一时"，副词，表示某种情况在短时间之内存在。例如：

（1）路上偶然遇到了一位老朋友，我一时想不起他的名字了。
（2）听到这个好消息，她一时非常激动。
（3）这个语法很难，我一时还没弄明白。
（4）她刚才一时生气，才说出了这样的话，你不要生气。
（5）小李一时着急，出门时忘了锁门。

即时练习

◇用"一时"完成句子：

1. 女朋友突然提出要跟他分手，他____________________。

2. 我刚来到中国，__________________。

3. 表演的时候，她__________________，竟然忘了歌词。

4. __________________，流下了眼泪。

（六）他张大了嘴，一时竟说不出话来……

“竟”，语气副词，表示没有想到。也说“竟然”。例如：

（1）没想到竟在这里碰到了他，真是缘分啊。

（2）考试时他一时马虎，竟忘了在考卷上写名字。

（3）我没想到，他们竟然这么快就结婚了。

（4）他竟然已经五十多岁了，看上去一点儿都不像。

（5）这么厚的一本书，他竟然两天就看完了。

即时练习

◇用“竟（然）”完成句子或对话：

1. 麦克才学了半年的汉语，____________________________。

2. 这么重要的事情，____________________________。

3. A：你为什么那么不开心？

   B：我跟小王约好了6点见面，____________________________。

4. 我一直都以为他还没结婚，____________________________。

（七）我的父母都是非常传统的人，始终不同意……

“始终”，副词，表示从开始到最后持续不变。例如：

（1）他们已经结婚十多年了，始终没有吵过架。

（2）他是老职员了，30多年来始终没有离开过这家公司。

（3）尽管经历了各种各样的困难，但是他的信心始终不变。

（4）接待顾客时，她的脸上始终保持着微笑。

（5）我始终认为，只要肯下功夫，任何事情都能做好。

即时练习

◇用“始终”完成句子或对话：

1. 这个学期他____________________________，进步很大。

2. 今天________________，我根本无法出门。

3. 大家在聊天的时候，他________________。

4. A：开学以后你见到过小李吗？

B：________________。

（八）看着看着，就觉得不对劲了……

“……着……着”，表示动作、状态持续进行的时候，出现了另一种情况。两个“着”的前面通常为相同的单音节动词。例如：

（1）他很伤心，说着说着忍不住流下了眼泪。

（2）他躺在床上看书，看着看着就睡着了。

（3）他跑着跑着突然摔倒了。

（4）他睡着睡着突然被一阵电话铃声吵醒了。

“着”的前边也可以是两个不同的单音节动词，例如：

（5）人多力量大，大家说着笑着，就把手里的工作干完了。

（6）我们走着聊着，不知不觉已经到地方了。

即时练习

◇用“……着……着”完成句子：

1. ________________，终于想出了问题的答案。

2. ________________，不知不觉天已经黑了。

3. 这个故事太有意思了，________________。

4. 为了写文章他昨天开了一晚上夜车，今天上课时________________。

课堂练习

（一）根据课文内容判断对错：

（　　）1. 那个男人 30 岁了，还没有结婚，所以非常烦恼。

（　　）2. 男人认出了那个女孩子，所以跟着她往她家里走。

（　　）3. 男人没想到会被女孩子发现，一时十分紧张。

(　　)4. 那位司机很高兴，因为他拉的客人成了他的女朋友。

(　　)5. 那些司机不敢拉女乘客和她的妈妈，是怕警察罚款。

(　　)6. 那个外籍老师为了见到“我”姐姐，就搬到了她家对面。

(　　)7. 最后，“我”妈妈心里虽然还是不愿意，但还是接受了。

（二）根据课文内容，在 A、B、C 中选择正确的答案：

1. “这没有什么大不了”，这句话的意思应该是：(　　)
   A. 这个年龄不算大
   B. 这件事情无所谓
   C. 这是一件大事
2. “老大不小的人，眼比天高……”，“眼比天高”的意思应该是：(　　)
   A. 太自信
   B. 看不起别人
   C. 要求太高
3. 那个出租车司机说，他愿意拉那个女乘客和她的妈妈是因为：(　　)
   A. 他当时就喜欢上了她
   B. 他觉得警察不会罚款
   C. 他自己也不知道为什么
4. “天使肯定忙得团团转”，意思可能是：(　　)
   A. 很多人相爱都需要缘分
   B. 缘分是偶然的
   C. 很多人不相信缘分

（三）根据课文内容回答问题：

1. 那个男人 30 岁了还没结婚，父母是什么反应？
2. 为了帮他找对象，父母都想了哪些办法？
3. “我”原来对“缘分”有什么看法？
4. 那个男人是怎么跟女孩子认识的？
5. 司机是怎么跟女朋友认识的？
6. “姐姐”跟她原来的恋人有着怎样的经历？
7. “我”现在对“缘分”有什么新的认识？

（四）课堂活动：

活动一

分组比赛：这一课中的“当面”“相亲”“挂号”“罚款”都是离合词。你还知道哪些离合词？看哪一组在规定的时间内想出的离合词最多。

活动二

3-5 人一组，根据下列话题进行讨论和交流，并把你们谈论的内容记录下来，向全班汇报。

1. 你觉得跟谁比较有缘分？为什么？
2. 你觉得在爱情中什么是比较重要的？缘分重要吗？为什么？
3. 你知道什么有关“缘分”的故事吗？跟大家讲一讲。

下面的词语和句式可以帮助你表达：

缘分　婚姻　心动　格外　陌生　熟悉

相遇　相识　烦恼　开心　刻意　茫茫人海　命中注定

有缘千里来相会，无缘对面不相识　……来……去　始终

扩展阅读

爱情就是缘分

16 年前，90 岁的冰心曾问铁凝：“你有男朋友了吗？”铁凝回答：“还没找呢。”这位老人劝告她：“你不要找，你要等。”16 年后，50 岁的铁凝终于“等”到了自己的如意郎君——华生。以下为记者对她的部分采访记录——

记者：您在快 50 岁时才步入婚姻，不少人都觉得好奇，为什么在这个年龄才决定结婚？

铁凝：因为缘分来了，这个缘分就是爱情（笑）。

记者：呵呵，这缘分来得有点迟呀！以前是因为没碰上缘分，还是因为您对爱情的期望太高？

铁凝：大家都说我是个事业成功的女性，同时朋友们也都很关心我的个人问题，希望我能找到一份真挚甜美的爱情，有个温馨的家。年轻时，我像许多文学女青年一样，对爱情充满幻想，那时我曾想找一位同行，我们可以一起畅谈文学，那样会非常浪漫。但随着年龄和阅历的增长，我对爱情、婚姻渐渐有了更深刻的认识和理解，也有了自己的原则。我觉得，爱情是需要缘分的，如果没有等到适合我的那个人，我宁愿独身。我始终认为，与其走入一个坏婚姻，倒不如不要。就这样我一直等了很多年，等到自己不再年轻，但我从未后悔。我相信，缘分总有一天会降临到我身上。

记者：是啊，如今您已经等来了这份缘。能说说您的这段经历吗？

铁凝：一个偶然的机会，我认识了华生。他生于 1953 年，是学习经济的，在

欧洲留学、工作过很长时间。我们这个年纪，是很难再有一见钟情的。我和他第一次见面，并没有那种来电的感觉。我原以为，像他这样一位搞经济研究的人，对文学一定是不太感兴趣的。没想到，在接触中我发现，他特别喜欢看小说，而且竟然很熟悉我的小说。他并不是我想象中那样古板，而是机智、幽默，是个很随和的人。随着交往的增多，我们彼此有了更进一步的了解，也开始互相关心和牵挂，爱情开始在心中发芽。朋友们得知我和华生谈恋爱后，都为我高兴，催问我何时发喜糖。虽然我对华生的人品和才华很钦佩，但让我决定与他共度一生，我还是有些下不了决心。婚姻不是一件简单的事情，两个生长在不同环境、受过不同教育、有着不同生活习惯的人，能和谐地生活在一起吗？

记者：这种担心在情理之中，毕竟要和他一起长相厮守。

铁凝：可渐渐地我发现，我的担心是多余的。就说吃饭吧，我原以为他在国外生活多年，饮食习惯已经西化，而我是个比较排斥西餐的人。可我们在一起吃饭时，他竟然不爱进西餐馆，专挑家常菜。更令我欣喜的是，我晚餐一般喜欢喝粥，他竟然也有着同样的习惯。于是我们晚餐经常是一人一碗粥。我喜欢散步，出外办事时喜欢步行。他也和我一样，能不坐车就不坐车。我们经常一起走路，边走边聊，从未觉得累。我讨厌闻烟味，他竟然不抽烟……并且，他是个很有责任感的人，和他在一起，我觉得很有安全感，并有一种相依为命的感觉。

记者：在您这个年龄，能找到如此志趣相投而又心仪的另一半，真的是缘分！

铁凝：因此我们才决定结婚，我们都觉得，自己找到了感情的真正归宿。领了结婚证后，我们没有举办隆重的婚礼，只是请朋友吃了一顿饭。我们不看重形式，更看中婚姻的本质。至今我还常常在心里问自己：茫茫人海中，我为什么偏偏遇到了他？我们为什么能彼此欣赏，如此相爱？我们为什么能勇敢地步入婚姻？想来想去，我终于想明白了，这就是爱情，就是缘分！

（选自《妇女生活》2008 年第 1 期）

注：铁凝，当代著名女作家，现为中国作家协会主席，代表作品有《铁凝日记》《大浴女》《哦，香雪》《玫瑰门》《麦秸垛》《棉花垛》等，曾获全国优秀短篇小说奖、全国优秀中篇小说奖、鲁迅文学奖、老舍文学奖等多个奖项。

（一）根据文章内容判断对错：

(　　)1. 从年轻时开始，铁凝就希望经历一种浪漫的爱情，这个想法始终没变。

(　　)2. 铁凝 50 岁以前，没有想过要结婚。

(　　)3. 铁凝结婚晚，是因为她一直在等待缘分的到来。

(　　)4. 铁凝和华生虽然不是同行，但是在很多方面都有共同的兴趣。

(　　)5. 是华生的人品和才华使铁凝在结婚的问题上下了决心。

（二）根据短文内容，在A、B、C中选择正确答案：

1. "你不要找，你要等。"冰心老人这句话的意思应该是：(　　)

A. 不要刻意去寻觅

B. 干脆不要找对象了

C. 自己不要主动，要等男人主动来找你

2. "我和他第一次见面，并没有那种来电的感觉"，"来电的感觉"意思应该是：(　　)

A. 心动的感觉

B. 心里很乱的感觉

C. 觉得有共同语言

3. 下面哪一项不属于对华生的描述？（　　）

A. 机智幽默，而且很有责任感

B. 跟铁凝有很多共同的兴趣和爱好

C. 虽然是搞经济的，但是很浪漫

4. 从铁凝的爱情故事中，我们可以知道：(　　)

A. 有缘千里来相会

B. 有共同的兴趣爱好和生活习惯并不重要，重要的是缘分

C. 爱情是偶然的，没有道理可讲

（三）理解短文后回答问题：

铁凝对爱情有怎样的看法？她和华生有什么共同之处？你怎么看待她的爱情经历？

2 坐在时光上

课前提示

1. 你周围不守时的人多吗？你喜欢这样的人吗？为什么？
2. 你迟到过吗？怎样可以避免迟到？

课堂学习

词语

02-1

1	旅居	lǚjū	（动）	to sojourn, to live away from home 旅居英国
2	海外	hǎiwài	（名）	overseas, abroad 旅居海外　海外华人
*3	偏偏	piānpiān	（副）	*introducing sth. contrary to one's hopes or expectations*
4	夜猫子	yèmāozi	（名）	night owl 他经常晚上加班到半夜，是个夜猫子。
5	夜宵	yèxiāo	（名）	food taken late at night 吃夜宵
6	受不了	shòu bu liǎo		cannot stand or bear 真让人受不了　受不了他
7	回请	huíqǐng	（动）	to return hospitality 回请他
8	早点	zǎodiǎn	（名）	breakfast 买早点　吃早点
9	可靠	kěkào	（形）	reliable, dependable, trustworthy 十分可靠　可靠的人

10	印刷	yìnshuā	（动）	to print 印刷报纸　印刷厂
11	把握	bǎwò	（名）	assurance, certainty 有把握　没有把握　缺少把握 胜利的把握　成功的把握　百分之百的把握 很大的把握 一点儿把握（也没有）　把握不太大 （1）这次我一定会成功的，对此我很有把握。 （2）虽然获胜的把握不太大，但是我们还是很重视这次比赛的机会。
12	厂家	chǎngjiā	（名）	factory 生产厂家
13	观察	guānchá	（动）	to observe carefully, to watch 观察动物　观察病情　观察他的态度 观察社会　观察生活　观察环境 仔细地观察　长期地观察　观察一下 观察得很仔细 （1）要想创作出好的文学作品来，作家必须仔细地观察社会生活。 （2）通过长期观察，科学家们渐渐熟悉了大熊猫的生活习惯。
14	合作	hézuò	（动）	to cooperate 合作关系　跟他合作
15	伙伴	huǒbàn	（名）	partner, companion 好伙伴　贸易伙伴　合作伙伴
16	好奇	hàoqí	（形）	curious 很好奇　好奇地问
*17	随时	suíshí	（副）	at any time, at all times, whenever necessary 有问题可以随时问老师
18	恭候	gōnghòu	（动）	to await respectfully 随时恭候　恭候大家
19	教书	jiāo//shū	（动）	to teach school, to teach 在大学教书　教了几年书
20	酷	kù	（形）	cool 穿戴很酷　很酷的眼镜
21	唯一	wéiyī	（形）	single, only, sole 唯一的办法　唯一的条件　唯一的亲人 （1）这家公司是我们在北京唯一的合作伙伴。 （2）他住院期间，每天唯一的乐趣就是看看电视。

22	堂	táng	（量）	(*used for classes*) section, period 一堂课
23	延长	yáncháng	（动）	to lengthen, to prolong, to extend 延长时间　延长一个小时
24	不解	bùjiě	（动）	to fail to understand 不解地问　十分不解
25	好心好意	hǎoxīn hǎoyì		with good intentions 好心好意地帮他
26	至于	zhìyú	（介）	as for, as to 至于这件事
27	卖力	màilì	（形）	to exert all one's strength, to spare no effort 很卖力　卖力地工作
*28	居然	jūrán	（副）	unexpectedly, to one's surprise 居然忘了
29	尊重	zūnzhòng	（动）	to respect, to value, to esteem 尊重别人　尊重他的选择 尊重别人的习惯　尊重你的意见 尊重知识　尊重科学　尊重历史　尊重事实 受到尊重　得到尊重　互相尊重　十分尊重 （1）既然孩子不愿意学琴，就不要逼他了，你应该尊重他的选择。 （2）锻炼身体也要尊重科学，不然的话会起到相反的作用。 （3）他的意见应该得到大家的尊重。
30	造成	zàochéng	（动）	to cause, to give rise to 造成损失　造成影响　造成严重的后果
31	启示	qǐshì	（名）	inspiration, revelation, enlightenment 给人启示　得到一种启示
32	守时	shǒu shí		to be on time, to be punctual 不守时　应该守时
33	掌握	zhǎngwò	（动）	to grasp, to master, to know well, to control 掌握知识　掌握外语　掌握技术　掌握方法 掌握情况　掌握时间　掌握方向　掌握命运 掌握权力 准确地掌握　熟练掌握　完全掌握　掌握住 掌握好　掌握得很快 （1）通过自己的努力，他终于掌握了这门技术。 （2）煎鸡蛋的时候，要掌握好时间。 （3）未来都掌握在你自己的手里。

34	宁可	nìngkě	（副）	would rather
35	铺	pū	（动）	to spread, to lay, to pave 铺桌布　铺地毯
36	手足无措	shǒu zú wú cuò		disconcerted, at a loss as to what to do 他手足无措　手足无措的样子
37	失礼	shīlǐ	（动）	to lack proper etiquette, to be impolite 太失礼了
38	譬如	pìrú	（动）	to take for example
39	裱	biǎo	（动）	to mount (a picture, etc.) 裱一幅画
40	拖	tuō	（动）	to delay, to drag on 拖时间　拖了好久
41	闻名	wénmíng	（动）	to be well-known, to be famous 世界闻名　闻名全国
42	预约	yùyuē	（动）	to make an appointment 打电话预约　预约好
43	届时	jièshí	（副）	when the time comes, at the appointed time
44	事先	shìxiān	（名）	in advance, beforehand, prior to 事先通知　事先准备
45	拨	bō	（动）	to move or adjust with hand, foot, stick, etc. 拨电话　拨错了号码
46	准时	zhǔnshí	（形）	on time, punctual 很准时　准时到达
47	主动	zhǔdòng	（形）	active, on one's own initiative 很主动　主动参加
48	进一步	jìnyíbù	（副）	further, to a greater degree or extent 进一步研究
49	应	yìng	（动）	to comply with, to accept 应……的邀请
50	演讲	yǎnjiǎng	（动）	to give a lecture, to make a speech 进行演讲　演讲比赛
51	露	lù	（动）	to show, to reveal 露出笑容
52	诧异	chàyì	（形）	surprised, astonished 诧异的表情

53	起身	qǐ//shēn	（动）	to stand up, to rise 起身离开
54	结账	jié//zhàng	（动）	to settle accounts, to pay a bill 叫服务员结账　结完账
55	心急如焚	xīn jí rú fén		burning with impatience or anxiety 他心急如焚　心急如焚地说
56	疑惑	yíhuò	（动）	to feel puzzled, to be doubtful 觉得很疑惑　疑惑不解　疑惑地说 表情很疑惑　心里很疑惑　语气很疑惑　疑惑的样子　疑惑的目光 非常疑惑　疑惑得很 （1）他为什么跟我生气呢？我感到很疑惑。 （2）看到他疑惑不解的样子，我知道他没有听懂我的意思。

专有名词

1	梁实秋	Liáng Shíqiū	Liang Shih-chiu (1903-1987), a well-known Chinese writer, scholar, literary critic and translator
2	台北	Táiběi	Taipei

课文

02-2

坐在时光上

让我说几个与时间有关的真实的故事——

二十多年前，旅居[1]海外[2]十几年的梁实秋刚回到台北，朋友们就一个接一个地请他吃饭。梁实秋是有名的“早睡早起”的人，晚上八点睡觉，天不亮四点就起床写作。偏偏[3]那些朋友都是夜猫子[4]，每天请他深夜十二点吃夜宵[5]。梁实秋吃了几顿，受不了[6]了，想出个好办法，对大家说：“谁请我吃夜宵，我就回请[7]他吃早点[8]。”朋友们全愣住了，你看看我，我看看你，笑起来。从此再也没人敢请梁实秋吃夜宵了。

有位朋友，想请我介绍几家可靠[9]的印刷[10]厂。“我也没把握[11]。”我写了三个厂家[12]的名字给他，说，“你还是自己观察[13]吧。”不久他就找到了满意的合作[14]伙伴[15]。我好奇[16]地问他：“你怎么这么快就决定了呢？”“这简单。”他笑笑，“其中两家都说：‘随时[17]恭候[18]。’只有一家，先要我等他查本子，又对我说下午三点十五分，最后还加一句：‘不知道谈到四点钟时间够不够？不够可以另外约。’我就定了那一家。”

我在某大学教书[19]的第一学期结束，为了解学生们的想法，特别跟学生讨论，请大家对我提出批评。“教授，你教得很好，也很酷[20]。”有个学生说。停了一下，又笑笑：“唯一[21]不酷的是，你常在每堂[22]课一开始时等那些迟到的同学，又常在下课时延长[23]时间。”我一惊，不解[24]地问他：“你不也总是迟几分钟进来吗？我是好心好意[25]地等，至于[26]延长时间，是我卖力[27]，希望多教你们一点儿，有什么不对呢？”居然[28]全体学生都叫了起来：“不对。”然后有个学生补充说：“谁迟到，是他不尊重[29]别人的时间，你当然不必尊重他；至于下课时延长时间，我们知道你是好心，要多教一点儿，可是我们下面还有其他的课，你这一延，就造成[30]我们下一堂的迟到。”

以上这三个故事，给了我们什么启示[31]呢？

这些故事告诉我们：当你要别人尊重你的时间之前，首先你得尊重别人的时间，而当你不守时[32]，不仅是你自己的问题，也将造成别人的不守时。只有尊重别人时间，也掌握[33]自己时间的人，才能得到别人的尊重。

于是，我也渐渐学会了对时间的尊重。

我知道跟别人约会，如果是晚上七点，最好七点准时到达，如果没有把握，宁可[34]晚一点点，也不能因为提前半小时到，就直接敲门进去。道理很简单，也许他还在铺[35]桌布、扫地或洗澡，你早到，会使他手足无措[36]，比迟到还失礼[37]。

我也学会了怎样用尊重对方时间的方法，来要求对方尊重我。

譬如[38]有个裱[39]画店，以“拖[40]”闻名[41]。我在去裱画之前，一定先打电话预约[42]，说我几点几分到。届时[43]，一分不差地到达，再约好某日几点几分去取。事先[44]还拨[45]个电话，重复一遍取画的时间。他们对我居然从来都很准时[46]。

我更学会了以主动[47]的方式，进一步[48]掌握时间。

譬如有一天，我应[49]某大学的邀请晚上七点去演讲[50]。“你们演讲厅离校门口，走路要多少时间？”我问邀请的学生。“三四分钟。”学生有点不解地回答。“那好，我六点五十二分到你们校门口。”我说。学生露[51]出诧异[52]的表情：“刘老师，我们那边经常堵车哟，尤其是六点多下班的时候，您最好早点到。”“你们放心。”我笑笑。到了那一天，我下午四点多就坐车到了学校的附近，找了一家西餐厅，喝咖啡、看书，还把办公室的资料带去处理，然后吃完晚餐，一边看着表，一边喝茶。六点四十八分，我起身[53]结账[54]，五十分走出了餐厅，看见校门口的学生代表，抱着花，伸着脖子，好像正在心急如焚[55]地等待着。看到我，他叫了起来：“老师，您怎么飞来的？这么准。”他的眼神，又紧张、又疑惑[56]、又兴奋，我永远不会忘。

（选自《刘墉作品集》，作者：刘墉。有删改。）

语言点例释

（一）梁实秋是有名的“早睡早起”的人……偏偏那些朋友都是夜猫子……

“偏偏”，副词。有以下几种用法：

A. 表示某种情况跟人的主观愿望恰好相反。例如：

（1）大家本来计划今天去爬山，可是偏偏下起雨来了。

（2）我去找老王，偏偏他到外地出差去了。

（3）明天好友要举行生日晚会，可我偏偏有事去不了，真是太遗憾了。

B. 表示故意跟客观要求或客观情况相反。例如：

（4）我不让他在房间里抽烟，可是他偏偏要抽。

（5）这分明就是他的错，可他偏偏还要故意找借口。
（6）再大的困难又有什么了不起？我偏偏要去碰碰它。

C. 表示范围，有“仅仅”“只”的意思。例如：

（7）大家都按时来了，偏偏他一个人没来。
（8）大家都在排队，怎么偏偏你不排队？
（9）那么多人都喜欢他，为什么偏偏你不喜欢他？

即时练习

◇用“偏偏”改说句子：

1. 我本来就要迟到了，可是没想到又遇上了堵车。

2. 大家都觉得这次考试很重要，只有他觉得无所谓。

◇用“偏偏”完成句子：

1. 我去书店买那本书，________________。

2. 爸爸不让他去，________________。

3. 明天就要考试了，________________。

4. 别人都同意了，________________。

5. 这种衣服有很多好看的颜色，________________？

（二）……其中两家都说：“随时恭候。”

“随时”，副词，表示在任何时候，或者只要有可能、有必要的时候。例如：

（1）有了手机，可以随时跟别人联系，真方便。
（2）他的病情比较严重，随时都可能有危险。
（3）如果需要我的帮助，你随时都可以来找我。
（4）行李我已经整理好了，随时都可以出发。
（5）春秋两季，要随时注意增减衣服，防止感冒。

有时，两个“随时”可以前后呼应，例如：

（6）有问题也不怕，我们可以随时发现随时解决。
（7）消防队员时刻都在准备着，随时接到了命令，随时行动。

即时练习

◇用"随时"完成句子：

1. 你还是带着伞吧，看今天的天气，________________。

2. 那是一家二十四小时营业的超市，________________。

3. 我明天一天都在家，________________。

4. 我手机始终都开着，你随时遇到了问题，________________。

（三）我是好心好意地等，至于延长时间，是我卖力……

"至于"，介词，用来引进话题，提起另外的事，用在句子或小句的开头。例如：

（1）找工作要根据自己的兴趣，至于工资多少，并不是最重要的。

（2）这只是我个人的意见，至于这样做合不合适，还需要大家再讨论一下。

（3）新年晚会肯定是要举行的，至于在哪儿举行，我们还没决定。

（4）我只知道她已经有了喜欢的人，至于是谁，她始终没有说过。

（5）我想先复习语法，至于生词，考试前两天看也来得及。

（6）他的中文名字叫李安，至于英文名字嘛，哎呀，我一时想不起来了。

即时练习

◇用"至于"完成句子：

1. 周末我打算出去玩儿，________________，还没想好。

2. 找对象最重要的是性格，________________，我觉得无所谓。

3. 平时火车票很好买，________________，那就不好说了。

4. 他和她关系很好我知道，________________，我也不清楚。

（四）……居然全体学生都叫了起来

"居然"，语气副词，表示出乎意外，没有想到。也可以放在主语的前边。例如；

（1）她已经五十多岁了，可踢起球来居然像个小伙子。

（2）这么多年过去了，他居然还记得我的名字。

（3）他对你的关心，你居然一点儿都没有感受到？

（4）他一来，居然所有的问题都解决了。

（5）发生了这种事，居然他还能笑得出来。

即时练习

◇用“居然”完成句子：

1. 这次考试他______________，这让大家都吃了一惊。

2. 我们约好了六点见面，______________。

3. 他一时紧张，______________。

4. 他知道今天考试，______________。

（五）而当你不守时，不仅是你自己的问题，也将造成别人的不守时。

“不仅”，连词，后面常有“而且”“并且”“也”“还”等词语跟它相呼应，组成递进关系的复句，表示除了所说的意思之外，还有更进一层的意思。也说“不仅仅”，语气上更强。多用于书面语。用法同“不但”。例如：

（1）我不仅认识他，而且对他还有很深的了解。

（2）他不仅会说汉语，还翻译过不少文学作品呢。

（3）这些词语，不仅要会读，而且要会写，还要会用。

（4）要想当一个作家，不仅要有很好的语言表达能力，而且还要具备很强的观察能力和思考能力。

（5）这家公司不仅仅在国内数一数二，就是在世界上也是闻名的。

（6）能够取得这么好的成绩，不仅仅同学们觉得吃惊，连他自己也完全没有想到。

即时练习

◇用“不仅”完成句子：

1. ______________，而且也很努力。

2. ______________，质量也很好。

3. ______________，还去过南京、苏州、杭州等地。

4. 那部动画片______________，就是大人也很喜欢。

◇根据下面的两组提示词语，用“不仅”造句：

A	B
是我的同学	是我最好的朋友
很好吃	很健康
学生不懂	老师不懂

（六）……宁可晚一点点，也不能因为提前半小时到，就直接敲门进去。

"宁可"，副词，表示比较了两种都不太理想的情况之后，选取其中一种较好的做法。"宁可……也……"是一种常用结构。也说"宁肯""宁愿"。下面是两种比较常见的情况：

A. "宁可……也不……"，前面表示选取的一方面，后面是放弃的一方面。例如：

（1）她宁可一辈子不结婚，也不想跟一个不爱的人生活在一起。

（2）这家公司宁可少赚钱，也不愿意失去顾客的信任。

（3）他宁可自己辛苦一点儿，也绝不麻烦别人。

B. "宁可……也要……"，后面表示选取这种做法要达到的目的。例如：

（1）我宁可多花一些钱，也要租一处离学校近的房子。

（2）我们宁可发展得慢一些，也要保护好环境。

（3）大家宁可不吃饭不睡觉，也要按时完成那项任务。

即时练习

◇用"宁可"改说句子：

1. 我更愿意在家睡觉，而不愿意看那部电影。

2. 我们可以减少产量，一定要保证产品的质量。

◇用"宁可"完成句子：

1.____________________________，也不愿意去那家饭店。

2.____________________________，也不坐公共汽车去，公共汽车太挤了。

3.____________________________，也要把这篇小说看完。

4.____________________________，也一定要帮助他。

◇下面有 A、B 两种不同的选择，根据自己的实际想法，用"宁可……也……"造句：

A	B
吃药	去医院打针
把钱花在吃上	把钱花在穿上
浪费钱	浪费时间
早点儿起床	迟到了被老师批评

（七）届时，一分不差地到达……

“届时”，表示将来的时间副词，意思是“到（前面提到的那个）时候”，一般用于书面语。例如：

（1）月底这里将举办一个汽车展览会，届时会有很多汽车厂家参展。
（2）这条高速铁路将于明年底建成，届时，全程只需要花费四五个小时。
（3）欢迎您明天来本公司参观，我届时将在公司里恭候您的光临。
（4）考期到 7 月中旬结束，届时，大家可以在网上查到自己的成绩。
（5）他的护照年底过期，如果届时不办理延期，会遇到很大的麻烦。
（6）如果你们对安全工作不加重视，届时出了问题谁来负责？

即时练习

◇用“届时”完成句子：

1. 这个周末是他的生日，________________________。
2. 如果你不提前做好准备，________________________。
3. 这座城市将举办下一届奥运会，________________________。
4. 我们将于两年后毕业，________________________。

（八）我们那边经常堵车哟，尤其是六点多下班的时候

“尤其”，副词，表示在全体中，某一事物或情况比其他的更突出。跟“特别”的用法类似。例如：

（1）他喜欢各种体育运动，尤其喜欢踢足球。
（2）这个学期大家的成绩都有了提高，小李的进步尤其大。
（3）他不爱热闹，尤其商场、超市这种地方，他从来都不喜欢去。

“尤其”经常跟“是”连用。例如：

（4）这里经常堵车，尤其是上下班的时候。
（5）这里风沙比较大，尤其是春天。
（6）很多习惯都会影响人的视力，尤其是长时间上网。

即时练习

◇用“尤其”完成句子：

1. 她爱吃各种水果，________________________。

2. 我们班同学都很努力，______________________________。

3. 一日三餐都很重要，______________________________。

4. 中国菜很好吃，______________________________。

课堂练习

（一）根据课文内容判断对错：

(　　)1. 梁实秋为了感谢大家请他吃夜宵，要回请大家吃早点。
(　　)2. “我”给朋友介绍了三家肯定可靠的印刷厂。
(　　)3. 朋友选择了那家印刷厂是因为他们知道珍惜时间、遵守时间。
(　　)4. 同学们觉得“我”教得很好，只是不太尊重大家的时间。
(　　)5. 掌握好了自己的时间，就能得到别人的尊重。
(　　)6. 到别人家里做客，应该提前到达，要不然就是不尊重别人的时间。
(　　)7. 那家裱画店很尊重“我”的时间，所以“我”也尊重他们的时间。
(　　)8. “我”准时到达了学校门口是因为那天没堵车。

（二）根据课文内容回答问题：

1. 梁实秋为什么说谁请他吃夜宵，他就回请谁吃早点？
2. 那位朋友是怎么决定合作伙伴的？
3. “我”在某大学教书时，同学们对“我”提出了什么意见？为什么？
4. 这三个故事给了我们什么启示？
5. 到别人家做客时，“我”会怎么做？为什么？
6. “我”是怎么尊重那家裱画店的时间，以此来要求他们尊重“我”的？
7. 在一次演讲时“我”是怎么主动“掌握时间”的？

（三）读一读，记一记：

关于时间的格言

◎ 合理安排时间，就等于节约时间。　　——［英国］培根（Francis Bacon）

◎ 节约时间，也就是使一个人的有限的生命，更加有效，而也就等于延长了人的寿命。

——鲁迅

◎ 世界上最快而又最慢，最长而又最短，最平凡而又最珍贵，最容易被人忽视，而又

最令人后悔的就是时间。　　——［苏联］高尔基

◎ 时间就像海绵里的水，只要愿挤，总还是有的。　　——鲁迅

◎一寸光阴一寸金。　　——（唐代）王贞白

◎逝者如斯夫，不舍昼夜。　　——（春秋）孔子

◎少壮不努力，老大徒伤悲。　　——（汉代）古诗《长歌行》

（四）课堂活动：

活动一

分组比赛：这一课里的“酷”是汉语中新产生的音译外来词（指按照外语词的发音翻译过来的词），你还知道哪些汉语中的外来词？分组比赛，在规定的时间内，看哪一组想到的最多。

活动二

3–5 人一组，根据下列话题进行讨论和交流，并把你们谈论的内容记录下来，向全班汇报。

1. 你知道哪些关于时间的格言或者比喻？（如果你的国家有类似的格言，可以试着把它翻译成汉语，讲给大家听）
2. 你是个守时的人吗？你觉得守时重要吗？为什么？
3. 你有什么关于“守时”或“不守时”的故事吗？说出来跟大家分享一下。
4. 在管理时间方面你有什么好的经验？说出来跟大家交流一下。

下面的词语和句式可以帮助你表达：

夜猫子　受不了　把握　掌握　延长　拖

尊重　守时　准时　主动　可靠　失礼

事先　不好　宁可　偏偏　随时　至于　不仅……也……

扩展阅读

省下的时间上哪儿去了

这些日子忙忙碌碌，好像时间很不够用。忽然心里就疑惑起来，其实现在的很多事都比以前省时省力了，为什么似乎反而更忙了呢？

比如家务吧。过去换洗被子，居然要花上一天时间。早上拆了洗，用去两小时，拧干、晒干，再铺好，最后缝。缝一床被子最快也得一个小时。这样折腾下来，一天时间也就勉强够用。现在呢，被套取下来丢进洗衣机，晒干了再套回去，省下多少时间？再说做饭，过去做饭，米下锅后怕烧糊了，心里没把握，就得不停

地看，不停地折腾，至少得 40 分钟。现在呢？米放进电饭锅一按按钮就行了，省下多少时间？

生活之外，说说写作。过去写一个中篇，写一遍，改一遍，抄一遍，再改一遍，再抄一遍。5 万字的话，5×5 = 25 万字，其工作量相当于一个长篇。后来有了电脑，不用写了，初稿、二稿、三稿都只输入一遍，省下多少时间？过去写作时需要查资料，搬个凳子在书架上爬上爬下，有时为了查某一句诗是某个诗人的，得花上大半天时间。现在呢，只要用 Google 或者百度，即使你只记得半句也能迅速找到出处，省下多少时间？有互联网之前，写完小说想投稿时还要打印出来，也得一两个小时。打印好了装信封写地址去邮局，贴一堆邮票才完事。现在呢，打开电子信箱一点就 OK 了，省下多少时间？过去一部作品正式出版之前，要先把稿子送到印刷厂，工人一个字一个字地排版，再印出来一次一次地校对……现在呢，出版之前都在电脑里，几乎不见一张纸就完成了，省下多少时间？

工作之外说说出门。过去最常坐的就是火车。去北京，两天，回杭州，三天。在火车上慢腾腾地晃。现在呢，一个晚上就到了。而且车速还在进一步提高，北京到上海的高速铁路全程才四五个小时，快得不得了，比原来的时间缩短了一半还多。这得省下多少时间？

出门之外说说通讯。过去跟家里或朋友联系一次，要拿出一个晚上的时间，铺开信纸写信，写不好重写，写完找信封抄地址再贴上邮票，第二天送进邮筒，说不定过个十天半月才能得到回音。现在呢，一个电话或一条短信，随时联系，随时都能得到回复，省下多少时间？

再说寄包裹，过去得先找块布缝包裹，然后去邮局排队，填单子。后来总算有了纸盒，但仍免不了排队等候，尤其是邮局的人永远没有笑容，你去寄东西都是你求他。现在呢，事先拨个电话给快递公司预约上门服务，快递员准时到达，你随便用个纸袋一装就行，人家会负责给你包好，而且两三天就送到了，省下多少时间？

肯定还有很多事例，我一时想不起来。总之，社会的进步，给我们带来了太多的方便，为我们省下了大把大把的时间。

问题是，省下的时间上哪儿去了？

我们依然吃三顿饭，睡一次觉，穿一身衣服，谋一个职业，养一个孩子，为什么我们总觉得很忙？为什么我们看书还不如以前多了？我们见朋友也不如以前多了？甚至，我们写作的时间也不如以前多了？我们总是抱怨忙，我们总是说没时间干这干那。

我反思了一下，在我，省下的时间，一部分用来上网了，一部分用来看影视剧了，长长短短看了不少。当然，还有很大一部分，是用来参与各种应酬了，唉，有时候实在是身不由己啊。

这么一反思，有些惭愧。我希望以后的日子，能把省下的时间，用来做最想做的事，不然的话，真对不起社会进步为我们带来的便利。

（选自《今晚报》，作者：裘山山。有删改。）

（一）快速浏览短文，找出下列问题的答案：

1. 过去缝被子要花多长时间？
2. 过去做饭要花多长时间？
3. 一个中篇（小说）大概多少字？
4. 现在“我”用什么查资料？
5. 过去坐火车从北京到杭州要多长时间？
6. 从北京到上海的高速铁路全程要多长时间？
7. 作者具体列举了几个节省时间的事例？分别是哪几个？

（二）阅读短文判断对错：

（　　）1. 现在做事情比以前更省时省力，因此不像以前那么忙了。
（　　）2. 过去换洗被子时，缝被子最快，只需要 1 个小时。
（　　）3. 过去做米饭时不停地看是因为怕饭烧糊了。
（　　）4. 因为有了电脑，在写作上人们不但节约了时间，还节约了很多纸。
（　　）5. 原来从北京到杭州坐火车往返将近一个星期。
（　　）6. 过去一封信在路上要走十天半个月。
（　　）7. 过去寄包裹很麻烦，尤其是邮局的服务态度太差。
（　　）8. 可以看出来，作者喜欢上网、看电视剧、各种应酬。

（三）理解短文后回答问题：

根据短文，至少举两个例子说明：现在做事情为什么比过去更节省时间了？你觉得现代人“省下的时间”上哪儿去了？

3 世上最好的爱

课前提示

1. 世上的爱有哪些种？这些爱有什么不同的表现？
2. 你将来想要孩子吗？为什么？

课堂学习

词语

03-1

1	世上	shìshàng	（名）	in the world 世上的人　活在世上
2	假期	jiàqī	（名）	vacation, holiday 假期愉快　这个假期
3	顺路	shùnlù	（副）	on the way 顺路参观
4	出差	chū//chāi	（动）	to be away on official business 经常出差　出过一次差
5	感慨	gǎnkǎi	（动）	to sigh with emotion 感慨了半天　十分感慨　感慨地说
6	忙碌	mánglù	（形）	busy 忙忙碌碌　十分忙碌 忙碌的生活　忙碌的身影　忙碌的工人们 忙碌地工作　忙碌地准备 忙碌起来　忙碌一番　忙碌了很久 （1）她工作十分忙碌，很少有时间陪孩子玩儿。 （2）会议明天举行，大家已经为此忙碌了几个星期了。

7	身不由己	shēn bù yóu jǐ		involuntarily, under compulsion 他身不由己　身不由己地走了进去
8	同情	tóngqíng	(动)	to sympathize with, to show sympathy for 表示同情　值得同情　非常同情 同情他　同情他的遭遇 同情心　同情的态度　同情的目光 (1) 对于他的不幸遭遇，很多人都表示了同情。 (2) 人家那么难过，你竟然还笑得出来，简直太没有同情心了。
9	煮	zhǔ	(动)	to boil, to cook 煮饺子　煮好了
10	保姆	bǎomǔ	(名)	babysitter, housemaid 请保姆
11	顶风冒雨	dǐng fēng mào yǔ		to brave wind and rain 顶风冒雨来上班
12	机器人	jīqìrén	(名)	robot
13	凌晨	língchén	(名)	before dawn, in the small hours 今天凌晨　凌晨两点
14	皱纹	zhòuwén	(名)	wrinkles 出现几道皱纹　皱纹很多
15	眼袋	yǎndài	(名)	periorbital puffiness, eye bags 有眼袋
16	无穷无尽	wú qióng wú jìn		inexhaustible, endless
17	叹气	tàn//qì	(动)	to sigh 叹了一口气
18	人生	rénshēng	(名)	life 人生道路　人生经历
19	乐趣	lèqù	(名)	delight, pleasure, joy 工作的乐趣　爬山的乐趣　一种乐趣 很大的乐趣　很多乐趣 有乐趣　缺少乐趣　增加了乐趣　带来乐趣 得到乐趣 (1) 她喜欢孩子，从孩子那里得到了很多乐趣。 (2) 他热爱自己的事业，把工作当做一种乐趣。

20	吃惊	chī//jīng	（动）	to be startled, to be shocked, to be amazed 吃了一惊　大吃一惊 非常吃惊　吃惊地说 吃惊的表情　吃惊的语气 （1）她吃惊地说："我都认不出你来了！" （2）听到这个消息之后，他大吃一惊。 （3）他在这场比赛中的表现让大家吃了一惊。
21	自欺欺人	zì qī qī rén		to deceive oneself as well as others 不要自欺欺人　自欺欺人的家伙
22	幼儿园	yòu'éryuán	（名）	kindergarten 一家幼儿园　上幼儿园
23	分享	fēnxiǎng	（动）	to share (joy, rights, etc.) 分享快乐　一起分享　跟大家分享
24	津津有味	jīnjīn yǒu wèi		with relish, with gusto, with keen pleasure 吃得津津有味　津津有味地听着
25	吸吮	xīshǔn	（动）	to suck 吸吮骨头
26	淡	dàn	（形）	(of colour) light, pale; tasteless, without enough salt 味道很淡　淡淡的颜色
27	油渍	yóuzì	（名）	oil stain 去除油渍　一块油渍
28	若有所思	ruò yǒu suǒ sī		to seem lost in thought, to look pensive 若有所思的样子　若有所思地说
29	男子汉	nánzǐhàn	（名）	man 真正的男子汉
30	近视	jìnshì	（形）	myopic, nearsighted 近视眼　不近视
31	千里眼	qiānlǐyǎn	（名）	farsighted person 他是千里眼
*32	冲	chòng	（介）	facing, towards
33	车流	chē liú		traffic, stream of vehicles on the road 马路上的车流
34	通通	tōngtōng	（副）	entirely, completely, all 通通走开　通通记住
35	仿佛	fǎngfú	（副）	as if
36	女王	nǚwáng	（名）	queen

37	敬爱	jìng'ài	（动）	to respect and love 敬爱的人
38	羡慕	xiànmù	（动）	to admire, to envy 十分羡慕　羡慕的目光 羡慕他　羡慕他的才能　羡慕她口语好 羡慕极了 （1）她有一份不错的工作、一个幸福的家庭，真是让人羡慕。 （2）大家都很羡慕他的才能。
39	陛下	bìxià	（名）	Your Majesty, His / Her Majesty 国王陛下　女王陛下
40	槐	huái	（名）	Chinese scholartree 槐树　槐花
41	洁白	jiébái	（形）	spotlessly white, pure white 牙齿洁白　洁白的花朵
42	扑鼻	pūbí	（动）	to assail the nostrils 香味儿扑鼻　扑鼻的花香
43	康乃馨	kāngnǎixīn	（名）	carnation 一束康乃馨
44	盛开	shèngkāi	（动）	(of flowers) to be in full bloom 鲜花盛开　盛开的康乃馨
45	牵	qiān	（动）	to lead along (by holding the hand, the halter, etc.) 牵手　牵着一头牛
46	眼神	yǎnshén	（名）	expression in one's eyes 妈妈的眼神吃惊的眼神
47	柔和	róuhé	（形）	soft, gentle, mild 声音柔和　柔和的眼神　柔和的光
48	验	yàn	（动）	to examine, to check 验血
49	宣布	xuānbù	（动）	to announce, to declare 向大家宣布　正式宣布 宣布消息　宣布考试成绩　宣布结果 宣布命令　宣布开会　宣布下个月结婚 宣布奥运会开幕 （1）他在会议上向大家正式宣布了这个消息。 （2）他们宣布，将于下个月举行婚礼。
50	血型	xuèxíng	（名）	blood group, blood type 人的血型　什么血型　相同的血型

51	欢呼	huānhū	（动）	to hail, to cheer, to acclaim 欢呼起来
52	输血	shū//xiě	（动）	blood transfusion 给病人输血　输过血
53	湿润	shīrùn	（形）	moist, humid 湿润的气候　眼睛湿润
54	甜蜜	tiánmì	（形）	sweet, happy 甜蜜的爱情　十分甜蜜
55	感受	gǎnshòu	（动）	to experience, to feel 感受（到）生活的幸福　感受（到）家庭的温暖 感受（到）母亲的辛苦　感受（到）失恋的痛苦 感受（到）工作的压力　感受到　感受一下 （1）你冬天去哈尔滨吧，感受一下那里的冰雪世界。 （2）他还只是个孩子，当然感受不到生活的压力。
56	付出	fùchū	（动）	to pay, to expend 付出时间　付出汗水　付出努力　付出感情
57	收获	shōuhuò	（名）	harvest, results, gains 有收获　收获很大

专有名词

母亲节	Mǔqīn Jié	Mother's Day

课　文

03-2

世上[1]最好的爱

大学时的好友假期[2]旅行，顺路[3]来看我，就在家中住了几天。正遇上丈夫出差[4]，孩子感冒，我忙得不得了。几天下来，她感慨[5]道："看见你这样忙忙碌碌[6]、身不由己[7]，我是不敢要孩子了。"

我一愣："你都看见什么了？"她同情[8]地说："看见你一日三餐又洗又煮[9]，比保姆[10]还辛苦；看见你顶风冒雨[11]，又接送孩子上学，又忙工作，几乎变成机器人[12]；看见你凌晨[13]两点还不能睡觉，给孩子喂药喂水，还看见你的皱纹[14]与眼袋[15]，看见你无穷无尽[16]的辛苦。"

她叹着气[17]说："这样生活下去，人生[18]还有什么乐趣[19]？你看我，工作时无忧无虑，旅行时无牵无挂，多好。"我笑了，对她说："你什么都看见了，就是没有看见我的快乐和幸福。"

她瞪大眼睛，吃惊[20]地看着我，半开玩笑地说："你不是在自欺欺人[21]吧？"

我告诉她，儿子刚上幼儿园[22]，有一次吃鸡翅时，才两岁半的他，把鸡翅装进衣服口袋里，晚上带回来要与我分享[23]。我至今还记得，他津津有味[24]地吸吮[25]那半块鸡骨头的样子。每次想起他衣服上留下的那片淡[26]黄色油渍[27]，我心里就会有一片淡淡的温暖。朋友听了我的话，若有所思[28]。

我告诉她，走在路上，儿子像个小小男子汉[29]，懂得让我走在他的右边。他说："妈妈是近视[30]眼，我是千里眼[31]，我来保护你！"有一次过马路的时候，他冲[32]着车流[33]喊："你们通通[34]让开，我妈妈要过马路了！"仿佛[35]我是女王[36]。母亲，就是孩子心中最值得敬爱[37]的女王。朋友笑起来，她说："好羡慕[38]你，女王陛下[39]。"

我告诉她，去年五月的一个中午，儿子回到家就拉着我往外走，左拐右拐，来到一条安静的马路上，那里槐[40]花开得洁白[41]如雪，香气扑鼻[42]。他对我说："今天是母亲节……妈妈，这里的槐花比康乃馨[43]还漂亮呢！"望着这一路盛开[44]的槐花，我知道，这是最好的母亲节礼物。牵[45]着孩子的手，我感觉自己是世界上最幸福的人。听到这里，朋友的眼神[46]变得柔和[47]起来。

我告诉她，就在前天，我和儿子一起去医院验[48]血。当医生宣布[49]儿子和我血型[50]相同的时候，他一下子欢呼[51]起来："太好了，如果以后妈妈生病需要输血[52]，就可以用我的了！”医生感动地说：“有这样的孩子，真好。”当我讲完这些时，朋友的眼睛湿润[53]了。

我对朋友说：“你没有看到，我在辛苦的同时得到了多少甜蜜[54]，你也没有感受[55]到，我生命中最深的温暖。相信我，有付出[56]就会有收获[57]，当你付出了爱，就能得到世上最好的爱。”

（选自《青年文摘》，作者：刘继荣。有删改。）

语言点例释

（一）我忙得不得了

“不得了”可用于“得”的后面，做形容词或某些心理动词的补语，表示程度很深。例如：

（1）他那个人啊，懒得不得了。

（2）他竟然故意弄坏了我的东西，我气得不得了。

（3）他都30多了，还没结婚，他妈妈急得不得了。

（4）能这么近距离地见到自己喜欢的歌星，他兴奋得不得了。

（5）得到大家的称赞后，小王高兴得不得了。

（6）那只小狗非常可爱，她喜欢得不得了。

即时练习

◇用“……得不得了”完成句子：

1. 这里的夏天________________________________。
2. 每次考试之前，我________________________________。
3. 她既要照顾孩子，又要工作，________________________________。
4. 那份礼物正是他想要的，________________________________。

（二）……又接送孩子上学，又忙工作，几乎变成机器人

“几乎”，副词，表示非常接近，差不多。多用于书面语。例如：

（1）他的声音很低，几乎完全听不见。

（2）我们几乎查遍了所有的资料，才找到它。

（3）为了买到一张车票，我几乎排了两个钟头的队。
（4）娜塔莎汉语说得太好了，几乎像中国人一样。
（5）几年不见，他的头发几乎全白了。
（6）几乎所有来北京的游客都要去前门看看。

即时练习

◇用“几乎”完成句子：

1. 房间里太暗了，________________________________。
2. 他的记性好极了，只要是学过的生词________________________________。
3. 为了完成这篇论文，________________________________。
4. 这次考试很简单，________________________________。
5. 他是现在最有名的影星，________________________________。

（三）看见你无穷无尽的辛苦……

“无 A 无 B”，是一种固定的四字结构，用来强调“没有 AB”。A 和 B 常为意义相同或相近的单音节名词、动词。

比较常见的“无 A 无 B”四字结构有：

无缘无故、无时无刻、无情无义、无忧无虑、无依无靠、无穷无尽、无声无息、无影无踪（zōng）（没有踪影）、无名无姓、无儿无女、无亲无故（没有亲人朋友）、无法无天、无拘（jū）无束（shù）（没有拘束）、无牵（qiān）无挂（没有牵挂）

例如：

（1）不知道怎么回事，他冲我无缘无故地发脾气。
（2）这样一个无情无义的人，谁愿意跟他交往呢？
（3）孔子的思想几乎无时无刻不在影响着中国人。
（4）她在这里无亲无故，无依无靠，十分孤单。
（5）人总是希望有那样一个美好的世界，在那里每个人都能无忧无虑地生活。
（6）母亲每天忙忙碌碌，好像身上有无穷无尽的力量。

需要注意的是，“无时无刻”后面要跟“不”一起使用。“无时无刻不……”意思是“时时刻刻都……”，表示永远，不间断。

即时练习

◇选择填空：

无缘无故　无时无刻　无情无义　无依无靠　无忧无虑　无穷无尽

1. 那位老人年纪大了，身体不好，又无儿无女，（　　　　　），十分可怜。

2. 她过着（　　　　　）的生活，每天都十分快乐。

3. 他昨天（　　　　　）没来上班，老板批评了他一顿。

4. 我对他这么好，可是他却骗了我，真是个（　　　　　）的家伙。

5. 在国外工作时，她（　　　　　）不想念着自己的孩子。

6. 多看书吧，书里面有（　　　　　）的知识。

◇用指定词语完成句子：

1. 我在中国学习汉语，＿＿＿＿＿＿＿＿＿＿＿＿＿。（无时无刻）

2. ＿＿＿＿＿＿＿＿＿＿＿＿＿，老师批评了他。（无缘无故）

3. 你看那些小鸟，＿＿＿＿＿＿＿＿＿＿＿＿＿，我多想像它们一样啊！（无忧无虑）

4. 照顾孩子当然辛苦，但是＿＿＿＿＿＿＿＿＿＿＿＿＿。（无穷无尽）

（四）我至今还记得，他津津有味地吸吮那半块鸡骨头的样子。

“至今”，副词，表示一直到说话时，到今天，常用于书面语。例如：

（1）他是我的小学同学，至今我们还保持着联系。

（2）李白是个了不起的诗人，他的诗歌至今还受到人们的喜爱。

（3）汉字最早成熟于商代（前 1600 – 前 1046），人们至今还在使用它。

（4）外星人到底存不存在？至今科学家也没有找到答案。

（5）故乡深深地印在我的记忆里，至今我还清晰地记得那里的一草一木。

即时练习

◇用“至今”完成句子：

1. 他们俩结婚十几年了，＿＿＿＿＿＿＿＿＿＿＿＿＿。

2. 他毕业后就去了那家公司，＿＿＿＿＿＿＿＿＿＿＿＿＿。

3. 我是高中的时候开始学习汉语的，＿＿＿＿＿＿＿＿＿＿＿＿＿。

4. 小王从他那儿借了一笔钱，＿＿＿＿＿＿＿＿＿＿＿＿＿。

（五）他冲着车流喊："你们通通让开，我妈妈要过马路了！"

"冲"，也说"冲着"，介词，这里表示动作行为的方向。用于口语。例如：

（1）她冲着对方瞪了一眼，似乎有些不高兴。
（2）不要冲着别人打喷嚏，多不礼貌啊。
（3）他冲我做了个手势，意思是不要说话。
（4）我冲屋里边喊了两声，但是没有人答应。
（5）那只小狗"汪汪"地叫着冲我们这边儿跑了过来。

即时练习

◇用"冲（着）"并选择下面的词语完成句子：

招手　点头　跑过来　笑

1. 李经理____________________________，好像是叫我过去。

2. 她____________________________，说："你说得对。"

3. 她抬起头来，____________________________。

4. 小狗看到自己的主人来了，马上____________________________。

（六）朋友笑起来……

"……起来"，趋向补语，这里是它的引申用法，用于动词或形容词后，表示动作开始，并继续进行，或者状态开始发展，程度在继续加深。当动词后面有宾语时，宾语通常放在"起"和"来"之间。例如：

（1）观众们看到这里，都大声欢呼起来。
（2）听了这个消息，她几乎不敢相信自己的耳朵，激动得哭了起来。
（3）回到家里，她就做起家务来。
（4）看到这些照片，他对儿时的记忆慢慢清晰起来。
（5）经过一段时间的交往，我们逐渐熟悉起来了。
（6）到了 4 月份，天气就暖和起来了。

即时练习

◇用"起来"完成句子：

1. 都 12 点了，同屋还没有回来，我____________________________。

2. 写完作业，________________________________。

3. 她太难过了，忍不住________________________________。

4. 一听到这段音乐，她就忍不住________________________________。

5. 春天快要到了，________________________________。

（七）当医生宣布儿子和我血型相同的时候，他一下子欢呼起来……

“一下子”，副词，也说“一下”，表示行为、状态在很短的时间里迅速发生、出现。用于口语。

（1）听了老师的讲解，他一下子就明白了。

（2）根据口音，我一下子就能猜出他是哪里人。

（3）因为一时紧张，他把要说的话一下子都忘了。

（4）考完试，她觉得一下轻松了很多。

（5）天气不会一下就暖和起来的。

即时练习

◇用“一下子”完成句子：

1. 下过一场雨之后，天气________________________________。

2. 关了灯，房间里________________________________。

3. 他走路时不小心，________________________________。

4. 刚才教室里还很安静，下了课，________________________________。

课堂练习

（一）根据课文内容判断对错：

（　　）1. 因为大学时的好友来“我”家做客，所以“我”忙得不得了。

（　　）2. 好友现在还没有孩子。

（　　）3. 好友不喜欢工作，而喜欢无忧无虑、无牵无挂的生活。

（　　）4. 好友看见了“我”的辛苦，却没看出“我”的快乐和幸福。

（　　）5. 儿子在幼儿园没吃够鸡翅，所以把它带了回来。

（　　）6. 儿子在路上走在“我”的左边是因为怕“我”视力不好，被车碰到。

(　　)7. 母亲节那天，儿子给“我”买了最好的礼物——槐花，它比康乃馨还漂亮。
(　　)8. 验血的事感动了医生，也感动了“我”的好友。
(　　)9. 因为“我”付出了爱，所以“我”得到了世上最好的爱。

（二）根据课文内容回答问题：

1. 好友为什么同情“我”？
2. 她觉得“我”这样的生活有什么问题？
3. 儿子上幼儿园时发生过什么事？这件事给了“我”什么感受？
4. 走路和过马路时，儿子是怎么做的？
5. 母亲节那天，儿子是怎么做的？“我”有什么感受？
6. 去医院验血时，发生了什么让人感动的事？
7. 好友的情绪从开始到最后发生了哪些变化？
8. “我”让好友明白了一个什么道理？

（三）课堂活动：

活动一

猜成语比赛：这一课中出现了不少成语。掌握更多的汉语成语有助于我们更好地理解汉语，也可以让汉语表达更精炼。下面列出一些本课出现的成语以及其他一些常用成语，全班分两组进行猜成语比赛。

方式：由老师展示成语，每组派代表来做动作表示成语的意思，或者用语言提示（但不能说出成语中包含的词语），组内同学猜。看哪组猜中的最多。

身不由己　顶风冒雨　无穷无尽　自欺欺人　津津有味　若有所思
手足无措　心急如焚　恋恋不舍　成千上万　十全十美　兴高采烈

活动二

3–5 人一组，根据下列话题进行讨论，并把你们讨论的内容记录下来，向全班汇报。
1. 你同意“有付出就有收获”这种说法吗？这个道理适用于哪些方面？
2. 世上的爱都有哪些？这些爱有什么特点？
3. 你觉得最伟大的爱是什么？为什么？
4. 你将来想要孩子吗？为什么？

下面的词语和句式可以帮助你表达：
世上　人生　乐趣　无穷无尽　无忧无虑　自欺欺人　身不由己
分享　羡慕　甜蜜　感受　付出　收获　宁可　至于　不仅……也……
几乎　一下子

扩展阅读

父亲的纸条

小学三年级时，我喜欢上了小人书，它给我带来了无穷无尽的乐趣。为此，我付出了极大的热情和精力，就像经营一项事业一样，一本一本地攒着。每天放学后，都会有一大群同学拥在我身边，看我的小人书，眼中充满了羡慕。

那时，我家并不宽裕。尽管父亲在一家乡镇小厂当厂长，但一个月的工资也仅仅能够勉强维持生活。父母也从来没有想到给我零花钱。每次在书店里看见新来的小人书，花花绿绿的封面都吸引着我的目光，我的心奇痒难忍，但没办法，我没钱。

一天晚上，父亲喝了酒回来，早早上床睡了。他的上衣挂在外屋的墙上。我突然产生了一种冲动，趁着天黑悄悄地溜到外屋，心咚咚地跳着，颤抖的手伸向父亲鼓鼓的上衣口袋，慌乱中凭感觉抽出一张钱，真的像做贼似的回到房间，用被子把全身蒙起来，心跳得厉害，过了好久才平静下来。那是一张很新的五角的票子，我把它藏了起来，翻来覆去一夜都没睡好。第二天我一整天都是在不安中度过的，直到吃晚饭时，见父亲没有察觉的迹象，才放下心来。没几天我就到书店把那本期盼已久的《真假美猴王》买了回来，心里别提有多高兴了。

从此，我常趁父亲不注意，从他的口袋里拿钱，有时一角，有时两角，尽量让父亲察觉不出来。看着自己喜爱的小人书越摞越高，我天天都沉浸在一种巨大的幸福中，心里眼里几乎全是小人书的影子，以至于有几次父亲的眼神中掠过了几丝异样的光，我都没留意。一个星期天，父亲休息，早饭后和母亲出去了。像往常一样，他的上衣挂在墙上。我估计父亲走远了，就又一次把手伸进了父亲的口袋。但这一次里面一分钱也没有，我只摸出了一张薄薄的纸条，当无意中看到上面的一行铅笔字时，我一下子惊呆了。纸条上写着：“孩子，如果要用钱，跟我说一声。”我的头嗡的一声大了，只觉得天旋地转，顿时吓出一身冷汗。那个上午，我真的感受到了什么叫度日如年，就像热锅上的蚂蚁，坐也不是，站也不是，心里说不出是什么滋味儿——以后我该怎么面对他啊！

父亲母亲回来了，我躲在房间里，不敢出来，我觉得真是没有脸见他们。吃饭时，我红着脸坐在饭桌前，眼泪一直在眼眶里转。奇怪的是，父亲竟像什么都不知道一样，跟母亲说着工作上的事情，还问我作业完成没有。饭后，刚回到房间，我的眼泪终于忍不住流了出来。

此后，父亲像从前一样地爱我，并且开始给我零花钱了。他始终没有提过那张纸条的事情。20多年过去了，那张纸条至今还珍藏在我心灵的一角，沉沉的。从此，每当我要做一些不该做的事、说一些不该说的话时，它就会从记忆的深处走出来，提醒我恪守做人的原则。我知道，我真正学会做人是从父亲的那张纸条开始的。

（一）根据短文内容判断对错：

（　　）1. 因为“我”有小人书，很多同学非常羡慕“我”。

（　　）2.“我”父亲是当厂长的，家里生活状况比较好，但父母从来不给“我”零花钱。

（　　）3. 那天晚上“我”很害怕，所以只从父亲的口袋里拿了一张五角的钱。

（　　）4. 开始“我”很不安，过了一晚上“我”才放下心来。

（　　）5.“我”满脑子都是小人书，所以没有特别注意到父亲异样的目光。

（　　）6. 吃饭的时候“我”差点儿哭了，可是父亲却像什么都没有发生一样。

（　　）7.“我”一直保存着那张纸条，让它时时提醒“我”注意做人的原则。

（二）根据短文内容，在 A、B、C 中选择正确答案：

1.“那时，我家并不宽裕”，“宽裕”的意思可能是：（　　）

A. 居住条件好

B. 有钱

C. 有地位

2.“父亲的眼神中掠过了几丝异样的光”，意思可能是：（　　）

A. 他眼中的神情有点儿不一样

B. 他眼中的神情有些难猜

C. 他眼中的神情显得有点儿生气

3.“就像热锅上的蚂蚁”，意思可能是：（　　）

A. 非常着急

B. 非常后悔

C. 非常吃惊

4. 父亲写纸条的原因可能是：（　　）

A. 太生气了，不想跟我说话

B. 想用这种方式开个玩笑

C. 提醒“我”犯了错误，但是想保护“我”的自尊心

（三）理解短文后回答问题：

“我”买小人书的钱是怎么来的？那件“纸条”的事情发生之后对“我”有什么样的影响？请谈谈你对这位父亲的看法。

4 圆满的误会

课前提示

1. 在生活中，你有没有遇到过什么误会？请给大家讲一讲。
2. 你帮助过聋哑人吗？我们应该如何帮助聋哑人？
3. 你对手语了解吗？谈谈你知道的手语。

课堂学习

词语

04-1

1	圆满	yuánmǎn	（形）	satisfactory, consummate 很圆满　圆满地解决
2	误会	wùhuì	（名）	misunderstanding 闹误会　一场误会
3	手语	shǒuyǔ	（名）	sign language 用手语交流
4	吸引	xīyǐn	（动）	to attract 受到吸引　被吸引 吸引顾客　吸引过来　吸引住 （1）小孩子们被商场的玩具吸引住了。 （2）这里的音乐把很多人的注意力吸引过来了。
5	视线	shìxiàn	（名）	attention 吸引视线
6	义工	yìgōng	（名）	volunteer, voluntary worker 做义工
7	定期	dìngqī	（形）	regular, at regular intervals, periodical 定期检查　定期服务　不定期

8	聋哑	lóng yǎ		deaf and mute 聋哑人 聋哑学校
9	熟练	shúliàn	（形）	skilled, proficient 非常熟练 熟练的手语 熟练地掌握
*10	一向	yíxiàng	（副）	all along
11	乐于助人	lè yú zhù rén		to be pleased to help others 一向乐于助人
12	残疾	cánjí	（名）	handicap, disability 残疾人 身体残疾
13	电子邮箱	diànzǐ yóuxiāng		e-mail box 发到我的电子邮箱
14	意外	yìwài	（形）	unexpected 很意外 感到意外
15	电子邮件	diànzǐ yóujiàn	（名）	e-mail 一封电子邮件 发电子邮件
16	进出口	jìn chū kǒu		imports and exports 进出口公司
17	约	yuē	（动）	to ask or invite in advance 约朋友（吃饭）
18	沟通	gōutōng	（动）	to communicate 用手语沟通
19	障碍	zhàng'ài	（名）	obstacle, barrier 有障碍
20	健全	jiànquán	（形）	healthy, sound 健全的人
21	比画	bǐhua	（动）	to gesticulate 用手比画
22	苦恼	kǔnǎo	（形）	vexed, worried 很苦恼
23	察觉	chájué	（动）	to be conscious of, to perceive 察觉到（她的变化）
24	异常	yìcháng	（形）	abnormal 异常情况 情况异常
25	**体贴**	tǐtiē	（动）	to show consideration, to be considerate 体贴父母 体贴爱人 对……很体贴 十分体贴 体贴得不得了 （1）作为丈夫，他对自己的妻子非常体贴。 （2）在我生病的时候，朋友们总是很关心体贴我。

*26	转眼	zhuǎnyǎn	（动）	in an instant, soon
27	捧	pěng	（动）	to hold or carry in both hands 用手捧着
28	束	shù	（量）	bunch, bundle 一束花
29	玫瑰	méigui	（名）	rose 一束玫瑰　一朵玫瑰　红玫瑰
30	憋	biē	（动）	to hold back, to bottle up 憋红了脸　憋一口气
*31	顿时	dùnshí	（副）	at once
32	惊喜	jīngxǐ	（形）	pleasantly surprised 惊喜不已　十分惊喜
33	随之而来	suí zhī ér lái		consequent, subsequent, following
34	矛盾	máodùn	（形）	contradictory, conflicted 心情矛盾　觉得矛盾　感到矛盾 很矛盾　矛盾极了 矛盾的心情　矛盾的态度 （1）到底要不要见他呢？我的心里感到很矛盾。 （2）我怀着矛盾的心情接了他的电话。
35	说服	shuōfú	（动）	to persuade 说服他　说服别人 被说服了　很难说服　说服不了 （1）我们劝了他半天，他终于被我们说服了。 （2）他的态度很坚决，我们谁也说服不了他。
36	争取	zhēngqǔ	（动）	to strive for 争取胜利　争取他的理解
37	得知	dézhī	（动）	to get to know 得知这件事
38	脾气	píqi	（名）	temperament, temper 他的脾气　好脾气　坏脾气 脾气很大　脾气不好 有脾气　没有脾气　（大）发脾气 （1）他是个脾气很好的人，所以朋友很多。 （2）这个老板常常发脾气，我们跟他说话都很小心。
39	坚决	jiānjué	（形）	steadfast, resolute 态度坚决　坚决地说

40	动员	dòngyuán	（动）	to mobilise (sb.) 动员大家
41	长辈	zhǎngbèi	（名）	person of the elder generation 尊敬长辈
42	说客	shuōkè	（名）	lobbyist 当说客
43	乐观	lèguān	（形）	optimistic 乐观的人　态度乐观
44	积极	jījí	（形）	active 他很积极　态度积极　行动积极　工作积极 积极准备　积极地参加　积极地学习 非常积极　不积极 （1）这个学期，他的学习态度一下子变得积极起来。 （2）他对体育很感兴趣，每次运动会他都积极报名参加。
45	凡事	fánshì	（名）	everything
46	感恩	gǎn'ēn	（动）	to feel grateful 懂得感恩　感恩的心
47	回报	huíbào	（动）	to pay back, to give in return 回报父母　回报社会　回报朋友　回报恩人 得到回报　很好的回报 （1）我一定要好好回报曾经帮助过我的人。 （2）儿子终于考上了大学，这是父母得到的最好的回报。
48	激烈	jīliè	（形）	intense, sharp, violent 激烈反对
*49	亲眼	qīnyǎn	（副）	with one's own eyes
50	教堂	jiàotáng	（名）	church 一座教堂
51	祝福	zhùfú	（动）	to bless 祝福别人
52	忐忑	tǎntè	（形）	uneasy, upset 忐忑的心情

53	话音刚落	huà yīn gāng luò		hardly has one's voice faded away, as soon as one stops
54	礼品	lǐpǐn	（名）	gift, present 买礼品
55	在场	zài//chǎng	（动）	to be present 在场的人
*56	足足	zúzú	（副）	fully, as much as
57	喜极而泣	xǐ jí ér qì		to weep for joy 她喜极而泣
58	此刻	cǐkè	（名）	this moment, at present

专有名词

1	罗晓兰	Luó Xiǎolán	name of a person
2	吴天宇	Wú Tiānyǔ	name of a person
3	圣诞节	Shèngdàn Jié	Christmas

课文

04-2

圆满[1]的误会[2]

一天下午，罗晓兰在公交车站等车。不远处，一男一女两个用手语[3]交流的年轻人吸引[4]了她的视线[5]。读大学时，罗晓兰当过三年的义工[6]，定期[7]去聋哑[8]学校服务，她能熟练[9]地用手语交流。

看得出来，女青年是在问路，而男青年正用手语说他不知道。一向[10]乐于助人[11]的罗晓兰赶快跑过去，用手语告诉了二人，女青年却用手语和罗晓兰聊起天来。为了表示对残疾[12]朋友的友好，上车前，罗晓兰留下了自己的电子邮箱[13]和电话。

第二天，罗晓兰意外[14]地收到了男青年的电子邮件[15]。他叫吴天宇，在一家进出口[16]公司工作。父母都在外地，他一个人住在一个花园小区。罗晓兰很认真地回复了邮件，介绍了自己的基本情况，她还鼓励吴天宇好好工作。后来，两个人就开始在网上聊天了。

除了网上聊天，吴天宇有时还约[17]罗晓兰出来走走，地点是罗晓兰家附近的公园。虽然总是用手语交谈，罗晓兰却觉得沟通[18]毫无障碍[19]。

可是渐渐地，罗晓兰发现自己喜欢上了吴天宇，看得出来吴天宇也很喜欢她，可是他不是一个健全[20]的人，他永远只能用手语比画[21]"我爱你"。

罗晓兰那段时间心里很苦恼[22]，在网上碰见网友就问："你会喜欢一个聋哑人吗？"没有一个人给出肯定的答案，罗晓兰更加难过了。吴天宇似乎也察觉[23]到了她的异常[24]，但对罗晓兰仍然很关心体贴[25]。

转眼[26]几个星期过去了，一天晚上，吴天宇又约罗晓兰出来。这天，他居然捧[27]着一束[28]玫瑰[29]，憋[30]红了脸，认真地用手比画："你愿意做我的女朋友吗？"罗晓兰顿时[31]感到既惊喜[32]又不好意思，可是随之而来[33]的是矛盾[34]的心情。她请求吴天宇给她一点时间，她要说服[35]父母，去争取[36]朋友们的理解。

不出罗晓兰所料，父母得知[37]此事后果然大发脾气[38]，看她态度坚决[39]，于是又动员[40]了家中其他长辈[41]当说客[42]。罗晓兰告诉他们："吴天宇非常优秀，也很乐观[43]，生活和工作的态度都很积极[44]，凡事[45]总为别人着想，比很多正常人都强。聋哑人也是人，也应该拥有美好的爱情。他给我的爱，我要用一颗感恩[46]的心去回报[47]！"

过了一段时间，家人不再激烈[48]反对，要求先亲眼[49]见见这个小伙子再说。

见面时间是这一年的圣诞节。罗晓兰想，如果父母不喜欢吴天宇，他们就去教堂[50]请求上帝的原谅和祝福[51]。那天，罗晓兰怀着忐忑[52]的心情带着吴天宇回家。在公交车上，吴天宇特别开心，他用手比画着："放心吧！你爸爸妈妈一定会喜欢我的，我会告诉他们，我要好好照顾你一辈子！"罗晓兰感动得流下了眼泪。

一进家门，罗晓兰告诉父母："这就是吴天宇。"

没想到，话音刚落[53]，她做梦也想不到的事情发生了，吴天宇扔下手中的礼品[54]，紧紧抱住罗晓兰说："你会说话？！"而这句话，也正是罗晓兰想问吴天宇的。

在场[55]的四个人顿时全都惊呆了，足足[56]愣了几分钟，罗晓兰突然喜极而泣[57]。原来，吴天宇也一直以为她是聋哑人，但他还是深深地爱着她。

我想，开玩笑的上帝此刻[58]也一定笑了。

语言点例释

（一）一向乐于助人的罗晓兰赶快跑过去，用手语告诉二人。

"一向"，副词。表示某种行为、状态或情况从过去某个时间到说话时一直都是那样，没有变化。例如：

（1）老王这个人一向认真负责，把工作交给他，我很放心。
（2）做父母的一向对子女们的婚事很关心。
（3）李老师对学生们一向要求很严格。
（4）我妈妈一向是个脾气很好，也很乐观的人。

即时练习

◇用"一向"回答问题：

1. 李老师的性格怎么样？
2. 北京的冬天怎么样？
3. 小王这个人办事认真不认真？
4. 你昨天为什么不跟我们一起去唱歌？

（二）一向乐于助人的罗晓兰赶快跑过去，用手语告诉二人。

"赶快"，副词，做状语，修饰动词，后边不带"地"。表示抓紧时间，快点行动。例如：

（1）老师让你赶快去一下他的办公室。
（2）妈妈对小明说："赶快起床！要迟到了！"
（3）我们得赶快出发，不然的话就赶不上火车了。
（4）听到敲门声，妈妈赶快去开门。

即时练习

◇用“赶快”完成句子：

1. 爷爷病得很厉害，________________。

2. 上课时间已经到了，________________。

3. 看见外面下起了大雨，我________________。

4. 听到楼下有人喊我的名字，________________。

5. 听说孩子在学校发烧了，妈妈________________。

（三）转眼几个星期过去了……

“转眼”，表示时间过得很快。有时也说“一转眼”。常用于句子的开头，后面也可以有停顿。例如：

（1）这学期很快就要过去了，转眼，又到了期末考试的日子。

（2）时间过得真快，转眼之间孩子们都长大了。

（3）时光飞逝，一转眼，我们已经大学毕业了。

（4）没觉得自己老了，可转眼就该退休了。

即时练习

◇用“转眼”改说句子：

1. 刚才还在下雨，可是很快太阳就出来了。

2. 我们已经上大学三年级了，很快就要毕业了。

3. 马上就要期末考试了，我们心里都很紧张。

4. 我一直把女儿当成小孩子，没感觉到她的成长，可她马上就要上大学了。

（四）罗晓兰顿时感到既惊喜又不好意思……

“顿时”，副词，书面语。同“立刻”，但只用于已完成的事情。例如：

（1）一到课间休息时，教室里顿时热闹起来。

（2）他看到我进来以后，态度顿时显得很热情。

（3）我听了她的解释，顿时明白了。

（4）听大夫说妈妈的病不要紧，我们顿时放下心来。

即时练习

◇用“顿时”完成句子：

1. 老师一进来，______________________。

2. 孩子听到妈妈的声音，______________________。

3. 姑娘打开小伙子的那封信，______________________。

4. 听了老师的解释，______________________。

（五）不出罗晓兰所料，父母得知此事后大发脾气。

“不出……所料”，中间插入人称代词或表示人的名词，意思是不感到意外，早已预想到了会发生某种情况，后边的句子里常常有“真的”、“果然”之类的词语。例如：

（1）我们已经多年不见了，见面后，不出我所料，她真的不认识我了。

（2）他俩在一起总是吵架，不出我们所料，几年后他们俩果然离婚了。

（3）夜深了，我们轻手轻脚地回到家，不出我们所料，父母早已睡了。

（4）这次考试太容易了，不出老师所料，没有一个人不及格。

即时练习

◇用“不出……所料”和括号里的提示词完成句子：

1. 他们俩长得真像，一问，______________________。（父子俩）

2. 小李整天不来上课，______________________。（不及格）

3. 今天下雪了，______________________。（迟到）

4. 天阴了，______________________。（下雨）

（六）过了一段时间，家人不再激烈反对，要求先亲眼见见这个小伙子再说。

“亲眼”，副词。表示用自己的眼睛（看），只用在“看、看见、见到”等动词之前。例如：

（1）我亲眼看见她把那本词典拿走了。

（2）他把旅途中亲眼见到的和亲耳听到的事情都记录下来了。

（3）我亲眼看着他从一个不懂事的孩子成长为一名大学生。

（4）要不是亲眼看见，我真不敢相信这是真的。

即时练习

◇用“亲眼”完成句子：

1. 他现在一定在房间里，因为________________。

2. 他肯定是小偷！因为________________。

3. 如果你想知道北京这几年的变化，________________。

4. ________________，你怎么说他没在车上呢？

（七）在场的四个人顿时全都惊呆了，足足愣了几分钟。

“足足”，副词。表示完全够（某一数量），后面常有表示时间或数量的短语，可以用在动词前，也可以直接用在数量短语前。例如：

（1）我足足等了她半小时她才来。

（2）今天参加汉语水平考试的学生足足有三百人。

（3）我今天睡了足足八个小时，还觉得没睡够。

（4）我们这次去国外旅行花了足足两万多元。

即时练习

◇用“足足”回答问题：

1. 你昨天晚上休息好了吗？

2. 你写了多长时间才把作业写完？

3. 买这些东西，你一共花了多少钱？

4. 昨天来听讲座的人多吗？

课堂练习

（一）根据课文内容回答问题：

1. 罗晓兰在等公交车时看到了什么？她是怎么做的？
2. 罗晓兰为什么告诉了他们自己的电子邮箱和电话？
3. 第二天罗晓兰收到了谁的电子邮件？请介绍一下那个人的情况。

4. 罗晓兰和吴天宇是怎样交流的？罗晓兰觉得他们之间的交往有障碍吗？
5. 渐渐地，他们之间的感情发生了什么变化？罗晓兰为什么觉得苦恼？
6. 吴天宇是怎么向罗晓兰表白的？罗晓兰的反应如何？
7. 罗晓兰的父母同意他们谈恋爱吗？为什么？她是怎么说服父母的？
8. 罗晓兰带吴天宇去见父母时发生了什么意外的情况？
9. 为什么这篇短文的题目叫做“圆满的误会”？

（二）根据课文内容判断对错：

(　　) 1. 因为罗晓兰去聋哑学校做过义工，她能熟练地用手语跟聋哑人交流。
(　　) 2. 在公交车站不远处，一男一女两个聋哑青年在用手语交流，女青年在向男青年问路。
(　　) 3. 罗晓兰赶快跑过去用手语帮助那个聋哑人，并留下了自己的联系方式。
(　　) 4. 不出罗晓兰所料，第二天她就收到了那个男青年的电子邮件。
(　　) 5. 吴天宇是个聋哑人，只能用手比划“我爱你”。
(　　) 6. 吴天宇认为罗晓兰是个聋哑人，但是他仍然很爱她。
(　　) 7. 罗晓兰也很爱吴天宇，不顾父母反对，坚决要跟他在一起。
(　　) 8. 吴天宇见到罗晓兰父母的时候，突然说话了，大家都很吃惊。

（三）课堂活动：

活动一

三人一组进行比赛：课文中有“亲眼”这个词，你还可以举出几个类似“亲～”的词语，并且用每个词说一个句子，看哪个组说得又多又快。

活动二

3–5 人一组，根据下列话题（至少选三个）进行讨论，并把你们讨论的内容记录下来，向大家汇报。

1. 如果你爱上了一个人，而父母不同意，你会怎么说服他们？
2. 讲一个你知道的关于残疾人的爱情故事，并作出评价。
3. 在你的国家，聋哑人或其他残疾人的生活怎么样？
4. 我们应该如何对待残疾人？你有什么好的建议？
5. 你做过义工吗？谈谈你做义工的经历。

下面的词语和句式可以帮助你表达：

手语　义工　定期　乐于助人　体贴　健全　顿时
矛盾　说服　坚决　积极　感恩　亲眼　不出……所料

扩展阅读

美丽的误会

沈老师是一个有着丰富教学经验的老师，她已经在中学里教了十几年书了。然而最近她发现了班里有一种很奇怪的现象。

几乎是每隔一天，班里都会有一个同学请假。这些同学要么以“家里有事必须要处理”为由，要么就说自己患了病要去医院，向她请假。沈老师一开始还相信这些同学所说的话，但是后来几乎每天都至少有一名同学向她请假，甚至还包括班长，沈老师不由得开始对此产生了怀疑。但她又找不出原因，所以一时也没办法。

又过了些日子，期中考试即将来临。同学们大都在紧张地复习。然而在复习最紧张的日子里，还是有同学向沈老师请假。沈老师对此再也忍不住了，她暗下决心：一定要查清真相。

期中考试后，成绩出来了。这个班上的学生普遍考得非常差，尤其是平时在班里成绩比较好的同学这次成绩也开始下滑。上课时，沈老师生气地问同学们：“你们是怎么搞的？为什么这次考得这么差？为什么那么多人请假？是不是在搞什么秘密行动啊？”

班里的同学一个个都低着头，默不作声。沈老师怒气未消，就问班长：“你作为班长，也没考好，你说说吧！”

班长是个高大强壮的男生，然而此时他却没有了往日的男子汉气概，低声说：“我承认这是我的个人原因……以后我绝不会这样做了……”沈老师稍微平静了一下，又问他：“班里总有同学请假，你也请过几次。你能告诉我这些同学是真的有什么事而请假的吗？”

班长迟疑了一下，然后说：“这个……是的，他们真的是有一些事情才请假的。”沈老师说：“好吧，我相信你。我们继续上课。”

第二天，班里的一个女生又来到沈老师的办公室向她请假，原因是父亲病了，她要去医院照顾父亲。沈老师说：“好，你去吧。”其实她早就在心里有了打算：“你们肯定是合伙骗我的，我这次不会再上当了。”

那个女生请完假后就走出了校园，沈老师在后面跟着。跟着走了大约 15 分钟，那个女孩走进了一条小胡同。沈老师暗暗在心里吃惊：“这哪里是医院啊？这里可是老城区啊，住的都是特困户，她来这里做什么？”

那个女生向前又走了几分钟，然后进了一栋房屋。沈老师一直跟着走到了门口。她仔细看着眼前的建筑，只见这幢房子已经破旧不堪，看起来已经有很多年历史了。沈老师不好意思再跟着进去，只好按原路返回学校。

第二天上课时，沈老师看着学生说："同学们，你们谁要是再向我请假我就不能批准了，因为我发现你们实际上是在欺骗我。"同学们看着沈老师，个个脸上的表情很复杂。这时班长愤怒地说："谁泄露这个秘密的？不是说好永远不说的吗？"班里没人回应。沈老师看着他，说："你嚷什么？这是我自己发现的，与他们无关。你怎么这么紧张？到底有什么事情瞒着我？"

班长紧张地看着沈老师，一言不发。沈老师说："你们马上就要升入高中学习了，现在正是最关键的时刻。然而你们的表现实在太让我失望了。从今以后，谁也不许请假，否则我就只能把你们的家长叫来了。"

这时班长站起来，先是向沈老师鞠了一躬，然后说："沈老师，对不起，我们都骗了您。一直以来，我们都在秘密做一件事情……"

班长停顿了一下，然后说："这件事还要从一个月前说起。我们无意间在一张报纸上看到本地很多住在老城区的一些特困老人生活艰难，有些甚至连生活都不能自理，可是他们都没人照顾。于是我们就自发组织了帮助特困老人活动。具体安排是班里每天出一个人到那里照顾一户人家的生活，为他们做一些家务，同时陪他们聊聊天……这件事我们一直是瞒着您的，所以每次同学要出去时都要先向您请假。"

沈老师听完后，既感动又感到不解："这是件好事啊，你们为什么要瞒着老师呢？"班长深深地叹了一口气，说："老师，难道您忘了么？每当我们要做一些课外活动时，您都告诫我们要抓紧时间学习，不要我们耽误时间。所以我们怕您不同意，当然要瞒着您了。"

沈老师听完，半天没说话。她在反思着什么，同时又在心里改变了对班里很多同学的看法……

（一）阅读短文判断对错：

(　　)1. 沈老师发现最近几乎每天班里都会有一个同学向她请假。

(　　)2. 这次期中考试，班里的同学成绩都不太好，沈老师很生气。

(　　)3. 因为期中考试没有考好，班长十分紧张。

(　　)4. 有一天，因为一个女生的父亲生病了，她请假去照顾父亲。

(　　)5. 班里的同学们一直瞒着沈老师秘密地做一件好事。

(　　)6. 沈老师知道这个秘密后，非常生气。

（二）理解短文后回答问题：

最近沈老师的班里发生了什么奇怪的现象？她是怎么发现同学们骗她的？谈谈你对这件事情的看法。

5 慢生活

课前提示

1. 我们现在的生活是“快”还是“慢”？表现在哪些方面？
2. 你喜欢“快”还是“慢”？为什么？

课堂学习

词语 05-1

1	快速	kuàisù	（形）	fast, quick 快速发展　快速地增长
2	快餐	kuàicān	（名）	quick meal, fast food 吃快餐　快餐店
3	快递	kuàidì	（名）	express delivery 送快递　一份快递　快递公司
4	速成	sùchéng	（动）	to attain a goal in a much shorter time than usual, to achieve by a quick method 速成教材　汉语速成班
5	型	xíng	（后缀）	type, pattern 传统型　经济型　节能型　环保型　开放型　速度型 （1）这是一家经济型酒店，房价不算贵。 （2）我们应该建设一个节约型的社会，尽量减少对资源的浪费。
6	充斥	chōngchì	（动）	to be full of, to be flooded with 充斥市场　充斥着假货
7	沉淀	chéndiàn	（动）	to deposit sediment, to precipitate 沉淀下来　慢慢沉淀

8	经典	jīngdiǎn	（名）	classic 一部经典
9	狼吞虎咽	láng tūn hǔ yàn		to wolf down, to gobble 不要狼吞虎咽　狼吞虎咽地吃下去
10	脚步	jiǎobù	（名）	footstep, pace 脚步很轻　放慢脚步
11	匆匆	cōngcōng	（形）	hurriedly, in haste 脚步匆匆　时光匆匆　来去匆匆 匆匆离开　匆匆地走了　匆匆地赶来 匆匆地回家 （1）时光匆匆，转眼他已经快要毕业了。 （2）他下了班，就脚步匆匆地赶来了。 （3）他宣布完这个消息，就匆匆地离开了。
*12	早已	zǎoyǐ	（副）	long ago, for a long time
13	节奏	jiézòu	（名）	rhythm, tempo 音乐节奏　生活节奏很快
*14	不禁	bùjīn	（副）	cannot help (doing sth.)
15	反思	fǎnsī	（动）	to reflect, to introspect 反思自己　反思一下
16	失传	shīchuán	（动）	to fail to be handed down from the past generations, to be lost 技术失传（了）　早已失传
17	高速	gāosù	（形）	high-speed 高速公路　高速发展
18	运转	yùnzhuǎn	（动）	to work, to operate 高速运转　开始运转
19	迷失	míshī	（动）	to lose (one's way, etc.) 迷失方向　迷失在海上
20	提倡	tíchàng	（动）	to advocate, to promote 提倡普通话　提倡新思想　提倡健康的生活方式 提倡多运动　提倡戒烟　提倡男女平等 提倡保护环境 值得提倡　大力提倡　提倡过几次 （1）我们应该大力提倡健康的生活方式。 （2）为了控制人口总数，政府提倡一对夫妇只生一个孩子。 （3）忙于工作而不顾身体健康，这种做法不值得提倡。

21	应酬	yìngchou	（动、名）	to engage in social activities, to entertain; social engagement 减少应酬　不喜欢应酬　出门应酬　应酬很多
22	消费	xiāofèi	（动）	to consume 消费汽油　少消费　消费者
23	野外	yěwài	（名）	open country, field 在野外　去野外玩儿
*24	偶尔	ǒu' ěr	（副）	once in a while, occasionally
25	聚	jù	（动）	to get together, to gather 聚在一起　聚一聚
26	相处	xiāngchǔ	（动）	to get along (with one another) 跟他相处　相处了几年　很好相处
27	发呆	fā//dāi	（动）	to stare blankly, to be in a daze 发一会儿呆　坐在那里发呆
28	午觉	wǔjiào	（名）	afternoon nap 睡午觉
29	上网	shàng//wǎng	（动）	to be on the Internet, to surf the net 上一会儿网　喜欢上网
30	尽情	jìnqíng	（副）	to one's heart's content 尽情地玩儿　尽情欣赏
31	享受	xiǎngshòu	（动、名）	to enjoy; enjoyment, pleasure 享受生活　享受音乐　享受阳光　享受美景 享受奖学金 尽情享受 物质享受　精神享受 是一种享受　得到（精神的）享受　美好的享受 （1）每年有大量的游客来到海南，享受这里美丽的阳光和沙滩。 （2）对他来说，听音乐是一种极大的精神享受。
32	其实	qíshí	（副）	in fact, as a matter of fact
33	包含	bāohán	（动）	to contain, to include 包含很多内容
34	智慧	zhìhuì	（名）	wisdom, intelligence 有智慧　人类的智慧
35	细嚼慢咽	xì jiáo màn yàn		to chew carefully and swallow slowly 吃饭要细嚼慢咽
36	有利	yǒulì	（形）	advantageous, beneficial 有利条件　对身体有利　有利于社会

37	消化	xiāohuà	（动）	to digest 消化食物　消化不了　有利于消化
38	吸收	xīshōu	（动）	to absorb 吸收营养　容易吸收　吸收新成员
39	提醒	tí//xǐng	（动）	to remind, to warn 提个醒儿 提醒他　提醒他注意身体　提醒他不要迟到 小声儿提醒　及时提醒　提醒过几回 （1）妈妈提醒他吃饭时一定要细嚼慢咽。 （2）你知道我今天得去办手续，怎么不提醒我一下？
40	叮嘱	dīngzhǔ	（动）	to urge again and again 叮嘱他 反复叮嘱　叮嘱了半天
41	安稳	ānwěn	（形）	peaceful, settled 十分安稳 安稳的生活
42	安心	ānxīn	（形）	at ease, relieved 很安心　安心工作
43	传递	chuándì	（动）	to transmit, to deliver, to pass on 传递信息　传递信件　火炬传递
44	宝贵	bǎoguì	（形）	valuable, precious 宝贵的经验　宝贵的生命　十分宝贵
45	消极	xiāojí	（形）	passive, inactive 太消极　消极的态度　消极地对待
46	懒惰	lǎnduò	（形）	lazy 很懒惰　懒惰的人　懒惰心理
47	从容	cóngróng	（形）	calm, unhurried 态度从容　表情从容　从容的样子　从从容容 从容地回答　从容地对待　从容一点儿 （1）看到他从从容容的样子，我知道他一定准备好了。 （2）虽然是第一次上讲台，但他态度从容，一点儿也不紧张。
48	步调	bùdiào	（名）	pace, step 放慢步调　统一步调
49	平衡	pínghéng	（形）	balanced, in equilibrium 保持平衡　失去平衡　生态平衡

50	重新	chóngxīn	（副）	again, anew 重新开始　重新写（一遍）
51	久违	jiǔwéi	（动）	haven't seen sb./sth. for a long time, (of sb./sth.) to be absent for a long time 久违了　久违的感觉　久违的阳光
52	知足常乐	zhīzú cháng lè		contentment brings happiness 应该知足常乐　知足常乐的生活
53	心态	xīntài	（名）	mentality, mental attitude 健康的心态　心态好
54	宠辱不惊	chǒng rǔ bù jīng		to remain indifferent whether favoured or humiliated 要做到宠辱不惊
55	庭	tíng		front courtyard
56	随风而去	suí fēng ér qù		to go with the wind 烦恼随风而去

专有名词

昆德拉	Kūndélā	Milan Kundera (1929-), a Czech-born French writer

课文

05-2

慢生活

这是一个快速[1]的时代，"快餐[2]"、"快递[3]"、"速成[4]"等速度型[5]词语充斥[6]着我们的生活，甚至连文化都是快餐文化，来不及沉淀[7]为经典[8]就已经消失。为了赶时间，在快餐店里，人们狼吞虎咽[9]，马路上，每个人都脚步[10]匆匆[11]。也许我们早已[12]习惯了这种快节奏[13]的生活，但昆德拉的话也不禁[14]让我们反思[15]："慢的乐趣怎么就失传[16]了呢？"这样高速[17]运转[18]的生活方式难道真的是我们想要的吗？我们还能感受到生活带给我们的快乐吗？

恐怕大多数人的答案都是否定的。因为，"快"已经让我们迷失[19]了生活本来的方向，让我们离幸福越来越远。

于是，越来越多的人开始提倡[20]"慢生活"。比如，每个月都做出计划，减少不必要的应酬[21]和消费[22]，多到野外[23]走一走，常和老朋友、老同学联系一下，偶尔[24]聚[25]一次。还有，把工作和生活分开，周末全部用来休息、看书、和家人相处[26]，哪怕发发呆[27]也行。每天中午拿出20分钟时间睡午觉[28]，就是睡不着，也要闭上眼睛休息一会儿；最好按时下班，决不把工作带回家，要自己去菜市场买菜，回家慢慢做、慢慢吃；晚上少上网[29]，少看电视，最好和家人一起聊聊天，或者出去散散步。总之，要让节奏慢下来，尽情[30]享受[31]生活的乐趣。

其实[32]，对于"慢"字，我们并不陌生。比如，请客吃饭时，我们会对客人说"慢用"，送客出门时，则说"慢走"。这样说不仅是一种礼貌，也包含[33]着积极的人生智慧[34]。一方面，细嚼慢咽[35]有利[36]于消化[37]，让食物中的营养得到更充分的吸收[38]，另一方面，只有"慢用"才能让我们仔细地享受各种美味，才能让我们把吃饭当做一种享受，而不是一项塞饱肚子的任务。"慢走"，则是提醒[39]人们路上小心、注意安全，是对别人的一种关心。孩子出门时，母亲也常常会叮嘱[40]："慢点儿，别着急。"慢才安稳[41]，慢才安心[42]，"慢"含着母亲的爱，也传递[43]了长辈宝贵[44]的生活经验。

"慢生活"不是提倡消极[45]和懒惰[46]，而是提倡一种从容[47]的生活态度。它提醒我们在这个"快速时代"掌握好自己的步调[48]，在生活和工作之间找到平衡[49]，该快则快，能慢则慢。因为，只有放慢了脚步才能让我们重新[50]看清生活的方向，重新找到生命的意义，只有放慢了脚步才能让我们注意到路上久违[51]的风景。从这个意义上说，"慢生活"其实是一种更积极更健康的生活方式。

对每个人来说，"慢生活"都不难做到。只要你抱着一种知足常乐[52]的心态[53]，好好地享受今天的阳光带给你的快乐；只要你能够做到"宠辱不惊[54]，看庭[55]前花开花落"，那么一切烦恼都会随风而去[56]。

（选自《羊城晚报》，作者：孔健。有删改。）

注 释

1. 昆德拉：米兰·昆德拉 (Milan Kundera)，出生于 1929 年，著名小说家，生于捷克。曾多次获得国际文学奖，并多次被提名为诺贝尔文学奖的候选人。代表作品有《生命中不能承受之轻》。课文中的话出自他的作品《慢》(1995 年发表)。

2. 宠辱不惊，看庭前花开花落：这句话出自中国明代洪应明作品《菜根谭》。意思是：不管受宠还是受辱都能保持内心的平静，就像看院前花开花落一样平常。

语 言 点 例 释

（一）也许我们早已习惯了这种快节奏的生活

“早已”，副词，意思是“很早就已经”。例如：

（1）你要的东西，我早已给你准备好了。

（2）你还不知道吗？她早已离开这家公司了。

（3）当我到达那里的时候，比赛早已结束了。

（4）每天早出晚归去上班很辛苦，可是他早已习惯了这种生活。

（5）他在这种情况下还能保持平静，换作是我，早已激动万分了。

即时练习

◇用“早已”完成对话：

1. A：你准备好去旅行的行李了吗？

   B：______________________________。

2. A：最近怎么没见到阿里啊？

   B：______________________________。

3. A：你的毕业论文写完了没有？

   B：______________________________。

（二）……但昆德拉的话也不禁让我们反思

“不禁”，副词，表示在某种情况下，不知不觉地自然地产生某种心理、感情或者动作行为。用于书面语。例如：

（1）没想到他的速度居然这么快，我不禁吃了一惊。

（2）赶飞机时偏偏遇上了堵车，大家不禁心急如焚。
（3）一见到自己喜欢的歌星，他不禁激动万分。
（4）小李已经有一个多月没有来上课了，这不禁让大家十分疑惑。
（5）想到妈妈为了照顾自己付出了那么多，他不禁流下了眼泪。
（6）面对严重的污染，人们不禁要问，到底谁该为此负责？

即时练习

◇用“不禁”完成句子：

1. 一听到考试的消息，________________。

2. 他获得了演讲比赛的第一名，________________。

3. 她的表演非常精彩，________________。

4. 球队终于进球了，________________。

（三）恐怕绝大多数人的答案都是否定的。

“恐怕”，副词，表示估计，说话人对后面的情况往往有一些担心，或者表示一种委婉的估计语气。例如：

（1）天阴得这么厉害，恐怕要下雨。
（2）事情很难办，看样子恐怕还要你自己去跑一趟。
（3）考试的成绩，恐怕还得等上一两天才能公布。
（4）对年轻人来说，事业和家庭哪个更重要？恐怕很多人会选择事业。
（5）我和他恐怕有十几年没有见面了。
（6）你用这种语气说话，恐怕不太尊重对方吧？

即时练习

◇用“恐怕”完成句子：

1. 都这么晚了，________________。

2. 这件事要是让妈妈知道了，________________。

3. 他现在的汉语水平还不太高，________________。

4. A：明天的晚会你能参加吗？

B：________________。

5. A：你觉得张力有多大了？

B：看他的样子，________________。

（四）……常和老朋友、老同学联系一下，偶尔聚一次。

“偶尔”，副词，表示某种情况只是有时候会发生，次数少，时间是不确定的。跟“经常”相对。例如：

（1）来这儿晨练的，大部分都是中老年人，偶尔也能遇到几个年轻人。
（2）夜深人静，只是偶尔有一两辆汽车经过。
（3）大熊猫的主要食物是竹子，偶尔也吃一些肉。
（4）他除了偶尔打几下乒乓球以外，很少参加体育活动。
（5）我们都很忙，偶尔在路上见到了，也只是简单聊几句。

即时练习

◇用“偶尔”完成句子：

1. 老张身体非常好，________________，吃点儿药也就好了。
2. 这个学期他上课很认真，________________。
3. 平时我主要在食堂吃饭，________________。
4. 他平时最喜欢看新闻和体育节目，________________。

（五）“慢生活”不是提倡消极和懒惰，而是提倡一种从容的生活态度。

“不是 A 而是 B”，并列关系复句，用来否定 A，肯定 B。A 或 B 可以是词、短语或者句子。例如：

（1）你搞错了，西安不是在山西，而是在陕西。
（2）应该让大家有时间休息，他们不是机器人，而是有血有肉有感情的人。
（3）这次不是来旅游，而是来这里出差。
（4）这么做并不是他自己愿意，而是他身不由己。
（5）这次不是我不守时，而是路上堵车太严重了。

即时练习

◇用“不是……而是……”回答问题：

1. 他是中国学生吗？

2. 那家餐厅是中式快餐吗？

3. 你是两年前开始学习汉语的吗？

4. 他今天旷课是因为生病了吗？

（六）对每个人来说，“慢生活”都不难做到。

“对 / 对于……来说 / 说来 / 来讲”，表示从某人或某事的角度来看待问题，后面是一种判断或看法。在句中做状语。例如：

（1）对年轻人来说，最重要的是多掌握一些知识。

（2）每天坚持锻炼，无论对谁来讲，做起来都不容易。

（3）对孩子说来，妈妈就是他们心里最尊贵的女王。

（4）对于中国的旅游业来说，提高服务质量是至关重要的。

（5）这段路程对大人来说不算远，可是对孩子来说可就太远了。

即时练习

◇用“对……来说”完成对话：

1. A：你觉得这里冬天的气候怎么样？

   B：________________________________。

2. A：为什么你早上起得那么晚？

   B：我是个夜猫子，________________________________。

3. A：你觉得汉语里什么最难？

   B：________________________________。

4. A：________________________________？

   B：我觉得性格比相貌更重要。

课 堂 练 习

（一）根据课文内容选择正确答案：

1. 对于课文中的“快餐文化”，下面哪一种说法是准确的？（　　）

   A. 快餐业形成了自己的文化，是饮食文化的一种

B. 比喻只追求短期流行，不重视长期价值的文化现象

C. 在这个快速的时代，文化也在快速地发展

2. 根据你的理解，下面哪一种情况不属于“慢生活”？（　　）

A. 下班以后，心里就不再想工作上的事情

B. 享受自己做饭的乐趣，吃饭时细嚼慢咽

C. 在学习或工作上做到差不多就好，不必太认真

3. “对于‘慢’字，我们并不陌生”，对于这句话，下面哪一种理解不准确？（　　）

A. 我们常常能听到别人说“慢”

B. 中国人现在的生活节奏比较慢

C. 在中国文化中，本来就有“慢”的传统

4. 对于“路上久违的风景”，下面的说法正确的是：（　　）

A. 因为太忙，没有时间去感受生活中的乐趣

B. 因为工作太忙，没有时间去旅行

C. 在生活节奏很快的城市里，路边看不到什么风景

（二）根据课文内容回答问题：

1. 为什么说这是一个快速的时代？
2. 昆德拉的话让我们反思哪些问题？
3. “快”带来了什么问题？
4. 提倡“慢生活”的人可能会怎么做？
5. 为什么说我们对“慢”字并不陌生？“慢用”“慢走”除了表示一种礼貌，还有什么特别的意义？
6. “慢生活”的含义是什么？人们为什么提倡“慢生活”？
7. 怎样才能做到“慢生活”？

（三）课堂活动：

活动一

反义词比赛：全班分两组，每组提前准备 20 组反义词（如：快——慢），比赛时两组轮流出题，由对方在规定的时间内说出对应的反义词，答对得一分；答错了，出题组公布正确答案并获得一分，看哪一组得分最高。

活动二

3–5 人一组，根据下列话题进行讨论，并把讨论的内容记录下来，向全班汇报。

1. 现代生活的“快”都表现在哪些方面？
2. 你喜欢“快”还是“慢”？为什么？

2. 现在应该提倡“慢生活”吗？为什么？
3. 如何处理学习（或工作）和生活的关系？

下面的词语和句式可以帮助你表达：

快速　脚步　匆匆　节奏　反思　迷失
提倡　尽情　享受　智慧　有利　宝贵
消极　积极　懒惰　从容　平衡　心态
知足常乐　恐怕　偶尔　不是……而是……　对……来说
至于　尤其　不仅……也……　宁可……也……

扩 展 阅 读

有一些感觉正离我们远去

曾经读到过一篇中学生的作文，题目叫《先人们的快乐》。说的是 2155 年，也就是一百多年后的某日，有个小男孩，在家中阁楼上惊奇地发现了“一本真正的书”，这书居然是印在纸上的，纸已经发黄变脆。他赶忙叫来妹妹，妹妹也十分疑惑：这字怎么“一动不动地停在纸上”，怎么不是在屏幕上移动的那种？爸爸告诉他们：一个世纪前，也就是爷爷的爷爷从前读的书都是印在纸上的，那时上课不是分散在家中，而是集中起来，去一个叫学校的地方，每天早上“上学”，傍晚“放学”，学校的老师不是电脑里的虚拟人像，而是真正的人。他们想象爷爷的爷爷和邻居们的孩子怎样一路欢笑着走在上学的路上；想象爷爷的爷爷们怎样乐滋滋地坐在教室里，和一个真正的人——老师，面对面说话；想象爷爷的爷爷怎样和伙伴们一起尽情玩耍，一起讨论功课，大家的笑声也是真实的，你能感受到同学嘴里呼出的气息……多么令人羡慕！爷爷的爷爷们真是幸福极了。

读那篇作文的时候，大约是 1989 年，我很佩服这个孩子丰富的想象力，但也不禁怀疑那是天方夜谭，遥不可及。要知道，那时电脑对大家来说还是个陌生玩意儿，更不要说上网以及现在这些功能丰富的手机了。

转眼间，十多年过去，科技的高速发展令我们眼花缭乱。如今有人已经不用每天上班下班，而是坐在家里电脑前办公；有人已经不去学校，在网上选修自己喜欢的课并参加考试；一张光盘里可能装着成千上万本中外名著……那篇作文中的某些情景，早已提前来到。

我儿子前几年出国读书，有许多人问我，你儿子出国多年，你想他吗？我说，我并不觉得他离开我啊，几乎每天我们都在说话聊天呢，不是在网上就是在电话里，话比他在家时说得还多。只要愿意，我们随时接上摄像头，随时就能看见对方，看见各自房间的陈设，各自烧的菜。除了不能将儿子喜欢的饭菜从网上传过去，别的和他在家没什么两样。因此，作为母亲，对儿子的那份思念自然淡了，甚至没了。可是几十年前，我先生出国学习，一封信要走半个多月，等信等得望眼欲穿，心急如焚，好不容易收到信的那一刻，内心的喜悦就别提了。那一封封信，自然也让我倍加珍惜。

如今这个年代，信息的快速传递，压缩了时间和空间，减轻了亲人间思念的痛苦，但也让我们失去了很多美好的感觉。我们无暇欣赏周围的风景，我们的感情正在变得迟钝和粗糙。我们的眼睛只能适应快速滚动的画面。作为下一世纪的"先人们"，某些"快乐"，正在离我们远去。

看如今男男女女，走在路上，坐在车里，甚至进入电梯，一个个在手机上不停地忙碌着，信息以光速传递。相亲相爱的少男少女，只要发出一条消息，就能在几秒钟后立即得到"爱的反馈"。

什么是"望眼欲穿"？什么是"地老天荒"？"家书抵万金"是一种怎样的喜悦？"久别重逢"是一种怎样的幸福？将来的人们，恐怕不会有太深切的感受。

有一些感觉，正在离我们远去；有一些快乐，正变得越来越肤浅。那些精雕细琢、耐人品味的经典越来越少人问津，人们忙于编造粗俗的笑话，"快餐"式的故事，忙于各种疯狂的欲望。

是历史的必然，还是历史拐了个小小的弯儿？

我只是，小心翼翼地珍藏我曾经有过的那些感觉：等待、思念、期盼，来自灵魂深处的惊喜和快乐……让 100 年后的人们羡慕和妒忌。

（选自《人民文摘》，作者：王周生。）

（一）阅读短文判断对错：

(　　)1. 2155 年，人们已经很难见到用纸做的书了。

(　　)2. 那时候，孩子们在学校里完全用电脑上课。

(　　)3. "我"看到这篇作文的时候，电脑比手机还少见。

(　　)4. "我"并不是很想念在国外的儿子，因为我们经常联系。

(　　)5. 几十年前，一封信要很久才能收到，所以人们对它非常珍惜。

（二）根据短文内容，在 A、B、C 中选择正确答案：

1. "也不禁怀疑那是天方夜谭"，这里的"天方夜谭"可能的意思是：(　　)

A. 不可能的事

B. 有可能会出现的事

C. 很快就会出现的事

2. 下面哪一个不是那篇作文中提到的一百多年后的一百多年后情景：(　　)

A. 在电脑上学习

B. 在电脑上看书

C. 跟老师在电脑上见面

3. “别的和他在家没什么两样”，“没什么两样”的意思可能是：(　　)

A. 都一样

B. 是不同的

C. 很多种，很丰富

4. “我”对将来有一种什么样的心理？（　　）

A. 很期待

B. 很担心

C. 很喜悦

（三）理解短文后回答问题：

那篇中学生的作文中讲到，2155 年的一天发生了什么事？请你谈谈科技的发展给我们的生活带来了什么变化。

6 青春期碰上更年期

课前提示

1. 你知道青春期的孩子一般有什么表现吗？你青春期时跟父母关系怎么样？
2. 进入更年期的中老年人一般有什么表现？年轻人应该如何对待更年期的父母？

课堂学习

词语

06-1

1	青春期	qīngchūnqī	（名）	adolescence 青春期的孩子
2	更年期	gēngniánqī	（名）	menopause, climacteric 更年期的父母
3	处于	chǔyú	（动）	to be in (a certain condition) 处于青春期
4	荷尔蒙	hé' ěrméng	（名）	hormone 荷尔蒙发生变化
5	情绪	qíngxù	（名）	emotion, mood 情绪很好
6	稳定	wěndìng	（形）	stable, steady 情绪不稳定　稳定的水平
7	**谅解**	liàngjiě	（动）	to understand and forgive 谅解别人　谅解对方 相互谅解　不能谅解 得到谅解　希望谅解 （1）两个人一起生活难免会有矛盾，需要相互谅解。 （2）如果你不能谅解别人，也很难得到别人的谅解。

8	打	dǎ	（介）	from, since 打今年起　打这儿出发
9	耸肩	sǒng//jiān	（动）	to shrug 耸耸肩　耸一下肩
10	在乎	zàihu	（动）	to care 对……很在乎　对……不在乎 在乎金钱　在乎地位　在乎她 满不在乎　很不在乎 （1）我很在乎别人的看法，自己总是拿不定主意。 （2）他丢了手机一点也不着急，还满不在乎地说："旧的不去，新的不来！"
11	劝阻	quànzǔ	（动）	to dissuade (sb. from sth./doing sth.) 劝阻孩子上网
12	盯	dīng	（动）	to fix one's eyes on, to stare at 盯着他
13	屏幕	píngmù	（名）	screen 盯着电脑屏幕
14	不耐烦	bú nàifán		impatient 感到不耐烦　觉得不耐烦　很不耐烦 不耐烦的样子　不耐烦地说 （1）排队时，即使前边没多少人，他也会觉得不耐烦。 （2）哥哥等了两分钟，就不耐烦地冲我说："你能不能快点儿？"
*15	令	lìng	（动）	to make, to cause
16	合	hé	（动）	to suit, to conform with 合口味　合心意
17	心意	xīnyì	（名）	meaning, intention 合我的心意
18	扭头	niǔ//tóu	（动）	to turn away, to turn round 扭一下头　扭头就走
19	顶嘴	dǐng//zuǐ	（动）	to talk back (to one's elders) 跟父母顶嘴　顶过嘴
20	巴掌	bāzhang	（名）	palm, slap 打了他一巴掌

21	**拒绝**	jùjué	（动）	to refuse, to turn down 拒绝对方　拒绝（他的）邀请 拒绝（他的）要求　拒绝回答　拒绝接受 受到拒绝　被他拒绝　很难拒绝 拒绝了好几次　拒绝不了 （1）我无法拒绝他的热情邀请，只好同意了。 （2）我已经被他拒绝好几次了。
22	计较	jìjiào	（动）	to argue, to dispute 别跟他计较
23	忍受	rěnshòu	（动）	to abide, to bear, to stand 忍受不了　无法忍受
24	地步	dìbù	（名）	extent, degree 到了……的地步
25	采取	cǎiqǔ	（动）	to adopt / take (a certain measure, way, etc.) 采取措施　采取行动
26	震天响	zhèn tiān xiǎng		deafeningly loud 声音震天响
27	二话不说	èr huà bù shuō		without a word 她二话不说就走了
*28	向来	xiànglái	（副）	all along
29	从未	cóng wèi		never 我从未见过他
30	音响	yīnxiǎng	（名）	stereo set 打开音响
*31	随即	suíjí	（副）	immediately
32	**抗议**	kàngyì	（动）	to protest, to object 提出抗议　表示抗议 强烈抗议　严重抗议 抗议食堂随便涨价　抗议比赛结果不公 （1）因为对学校的这个规定不满，学生们提出了强烈的抗议。 （2）工人们全都走上街头，举行抗议活动。
33	严肃	yánsù	（形）	serious, solemn 严肃的人　表情很严肃
34	当真	dàngzhēn	（动）	to take seriously 不要当真
35	医学	yīxué	（名）	medical science

36	百科全书	bǎikēquánshū	（名）	encyclopedia 医学百科全书
37	症状	zhèngzhuàng	（名）	symptom 感冒的症状
38	焦虑	jiāolǜ	（形）	anxious 感到焦虑　很焦虑
39	神经	shénjīng	（名）	nerve 神经紧张
40	失眠	shīmián	（动）	to suffer from insomnia 经常失眠
41	骨折	gǔzhé	（动）	to fracture, to break a bone 不小心骨折了　骨折病人
42	心脏病	xīnzàngbìng	（名）	heart disease 得心脏病　心脏病发作
43	好	hǎo	（副）	very, so 好难受　好高兴
44	凶	xiōng	（形）	fierce, menacing 态度很凶　对他很凶
45	充满	chōngmǎn	（动）	to be full of, to be filled with 充满阳光　充满信心　充满希望 （眼睛）充满泪水　充满孩子气 （1）他对这次考试充满了信心。 （2）我看到他的眼里充满了泪水。
46	孩子气	háiziqì	（形）	childish 充满孩子气　孩子气的脸
47	愧疚	kuìjiù	（形）	ashamed and uneasy, guilty 很愧疚　愧疚的样子　感到愧疚
48	生理	shēnglǐ	（名）	physiology 生理变化
49	心理	xīnlǐ	（名）	psychology 心理变化　心理健康
50	困扰	kùnrǎo	（动）	to trouble, to haunt 困扰着他　被困扰
51	随意	suíyì	（形）	at will 随意乱扔　很随意

52	发泄	fāxiè	（动）	to give vent to, to let off 发泄愤怒　发泄不满　发泄苦闷 发泄出来　发泄一下 向谁发泄　冲他发泄 （1）他今天跟老板吵了一架，终于把心中的不满发泄了出来。 （2）我心中的苦闷向谁发泄呢？
53	烦躁	fánzào	（形）	fidgety, restless, agitated 心情烦躁　心里烦躁　很烦躁 烦躁的人　烦躁的心情　烦躁的样子 烦躁得不得了 （1）今天不知为什么，我心里一直很烦躁。 （2）旁边的小孩子哭起来没完，我烦躁得不得了。
54	恶劣	èliè	（形）	bad, odious 恶劣的态度　恶劣的气候
55	恶言恶语	è yán è yǔ		unkind word, curse
56	控制	kòngzhì	（动）	to control, to curb, to dominate 控制情绪　控制不住
57	责骂	zémà	（动）	to scold 责骂别人　被父母责骂
58	唠叨	láodao	（动）	to be garrulous 唠叨了半天　唠唠叨叨
59	蛮横	mánhèng	（形）	rude and unreasonable 态度蛮横　蛮横的人
60	无礼	wúlǐ	（形）	rude, impolite 太无礼了　无礼要求
61	论调	lùndiào	（名）	view, argument 这种论调
62	前辈	qiánbèi	（名）	senior (person), elder generation 您是我的前辈
63	后辈	hòubèi	（名）	junior (person), younger generation

课文

06-2

青春期[1]碰上更年期[2]

一天，读中学的女儿一放学回来就对我说："妈妈，今天我们在英语课上学到'青春期'这个词，老师说我们现在就处于[3]青春期，这时候荷尔蒙[4]开始变化，情绪[5]很不稳定[6]，常会有一些奇怪的行为。不但自己要多注意，父母更应该了解、谅解[7]我们"。"你们的老师真是这么说的？"我问，女儿有点不好意思地笑笑："最后一句是我自己加上去的！"

虽然那句话是她自己加上去的，但从此以后，无论做什么事，只要你不同意，她就会来一句"青春期！"。

自打[8]女儿进入青春期后，变得不太听话了，而且现在似乎更加严重：房间里又脏又乱，几乎连放脚的地方都没有，你让她收拾一下，她总是耸耸肩[9]，满不在乎[10]地说："青春期的孩子房间都是这样！"整晚都在上网聊天，你劝阻[11]她，她盯[12]着电脑屏幕[13]，连头都不回，不耐烦[14]地说："妈妈呀，青春期的孩子谁不是在网上聊整晚的？"你怪她态度差，没礼貌，她就会说："对青春期的孩子来说，这叫做'酷'！"

最令[15]人受不了的是：她的脾气变得越来越坏。常常多问两句，她就会不耐烦。有时，话说到一半，不合[16]她心意[17]，她扭头[18]就走，回到房间，把房门"啪"的一声关上，有一回还大声顶嘴[19]，气得她老爸差点儿给她一巴掌[20]。而这种种令人无法接受的行为，事后找她沟通，她都以"青春期"为理由，拒绝[21]认错道歉。

开始我还想，她真的是青春期，荷尔蒙不平衡，便尽量多谅解她，不去跟她计较[22]。没想到，她的行为后来简直到了令人无法忍受[23]的地步[24]。我告诉自己是该采取[25]行动的时候了。

这天，她又在房间里把音乐放得震天响[26]，让她小声一点，她理都不理，像没听见似的！喊了几次之后，我再也忍不住了，快步走进她的房间，二话不说[27]，一下子就把音乐给关了！我向来[28]是很尊重孩子的，从未[29]不经她的同意，就关掉她正在看的电视或正在听的音响[30]，所以，女儿愣住了，随即[31]大声抗议[32]："妈妈！你怎么能这样！没问一声就关掉我的音乐？"我故意学着她平时的样子，耸耸肩，酷酷地说："更年期！"她呆了一下，问："什么是更年期？"我一脸严肃[33]地说："你自己去查！"便走出了她的房间。

过了一会儿，女儿来到我房间，有点不好意思地对我说："妈妈，真对不起，我不知道你也有荷尔蒙的问题。"我心里一惊，没想到她当真[34]了。她指指手中的医学[35]百科全书[36]，说："书上说，处于更年期的中年妇女，荷尔蒙开始减少，会产生种种症状[37]，比如焦虑[38]、神经[39]紧张、失眠[40]等，甚至还有人骨折[41]、得心脏病[42]呢！好[43]可怕啊！看来更年期比青春期严重多了！"说着，她走过来，抱着我说："对不起，妈妈，我不知道你这么难受，不但没有对你好一点儿，甚至还常以青春期为理由对你那么凶[44]。"

看着眼前这个比我高一头，但仍充满[45]孩子气[46]的女儿，我亲了一下她愧疚[47]的小脸，说："叶叶，妈妈知道你们这些青春期的孩子有生理[48]上的变化、心理[49]上的困扰[50]，但这并不表示你们可以对周围的人，尤其是自己的父母，随意[51]发泄[52]情绪。如果妈妈也以更年期为理由，对你随意打骂，你能接受吗？"她摇摇头，说："当然不能。可是，妈妈，有时我真觉得心里好烦躁[53]，很不舒服，说起话来就会不耐烦！"

"我理解。"我说，"但是，心情不好，并不是态度恶劣[54]的理由。当你真的心里难过时，可以告诉妈妈，我会尽量不去打扰你。如果你愿意找我谈谈，我也可以帮你平静下来。无论如何，恶言恶语[55]，绝不是解决问题的好方法。"她笑笑，说："我知道了，以后我会尽量控制[56]自己的情绪。如果我不希望你以更年期为理由对我责骂[57]唠叨[58]，我就不应该以青春期为借口对你蛮横[59]无礼[60]，对吧？"

听了她这可爱的论调[61]，我忍不住笑了起来。说真的，当青春期碰到更年期这老前辈[62]时，是该多加体贴，就像更年期碰到青春期这后辈[63]时，要多加谅解、爱护一样。不是吗？

（选自《海外文摘》，作者：心田。有删改。）

语 言 点 例 释

（一）最令人受不了的是：她的脾气变得越来越坏。

“令”，动词，有“使”的意思。“令人……”是比较固定的用法，“令”的后边也可以是其他指人的代词或名词。多用于书面语。例如：

（1）她去世的消息真令人难过。

（2）他的话令人无法相信。

（3）这次考试我终于得到了令人满意的成绩。

（4）看到这张照片，令我想起了小时候的事。

即时练习

◇用“令”改说句子：

1. 北京的变化之大让我很吃惊。

2. 他的要求太高，让人很为难。

3. 这是一件叫人很难忘记的事情。

4. 电视里播出了一条使人兴奋的消息。

（二）有一回还大声顶嘴，气得她老爸差点儿给她一巴掌。

“差点儿”同“差一点儿”，副词，后接动词或小句，表示某种情况接近实现或勉强实现。

A. 如果是说话人不希望实现的事，用“差点儿”或“差点儿没”意思是一样的，都是指事情接近实现而没有实现。例如：

（1）今天早上我来上课的时候，差点儿（没）迟到。（没迟到）

（2）那几个人太厉害了，差点儿（没）把他打死。（没打死）

（3）我脚下一滑，差点儿（没）摔倒。（没摔倒）

B. 如果是说话人希望实现的事，“差点儿”和“差点儿没”意思不同。“差点儿”表示惋惜事情没能实现，而“差点儿没”表示庆幸事情终于实现了。例如：

（4）他差点儿就买到票了，他前边的人买走了最后一张。（没买到）

（5）她买票的时候只剩最后一张了，差点儿没买到票。（买到了）

（6）这次考试太难了，我只得了 60 分，差点儿没通过。（通过了）

即时练习

◇用“差点儿”完成句子：

1. 我们每天早上 8:30 上课，可我今天 8:28 才到教室，____________________。

2. 我这次考试只得了 59 分，____________________。

3. 谢谢你提醒我今天下午开会，要不然我____________________。

4. 我去找她的时候，她正要出门，____________________。

（三）事后找她沟通，她都以“青春期”为理由，拒绝认错道歉。

“以……为……”，有“把……作为……”或者“认为……是……”的意思。常用于书面语。例如：

（1）他工作一直很努力，大家都应该以他为榜样。

（2）玛丽常常以生病为借口不来上课。

（3）这是一次公益活动，我们不以赚钱为目的。

（4）这家饭店口味多样，但是以四川菜为主。

（5）唐朝以胖为美，而现在却以瘦为美。

即时练习

◇根据提示词，用“以 A 为 B”结构造句：

A	B
办公室	家
瘦	美
手机	主要通讯工具
农业	主
故宫	中心
生病	理由

（四）开始我还想，她真的是青春期，荷尔蒙不平衡，便尽量多加体谅，不去跟她计较。

"尽量"，副词，表示力求在一定范围内达到最大限度。可修饰否定式，也可带"地"。例如：

（1）我们要尽量节约用水。
（2）这件事尽量先不要告诉别人。
（3）他是留学生，你跟他说汉语要尽量慢一些。
（4）我们会尽量地满足你的要求。

即时练习

◇用"尽量"完成句子：

1. 明天考试，不能迟到，我明天早上____________________。
2. 老师，您能不能____________________？不然我记不下来。
3. 为了减轻交通压力，减少空气污染，我们应该____________________。
4. 大夫说，感冒的时候应该____________________。

（五）她的行为后来简直到了令人无法忍受的地步。

"简直"，副词，强调完全如此或差不多如此，语气夸张，表示对某种情况的一种强烈的评价。一般用在形容词短语或动词短语的前面。例如：

（1）我们的校园简直像花园一样。
（2）我简直不敢相信自己的眼睛！
（3）今天的天气热得简直令人无法忍受。
（4）他看小说简直看得入迷了，连饭都忘了吃。

即时练习

◇用"简直"完成句子：

1. 听到这个消息，他大吃一惊，____________________。
2. 李老师说话太快了，____________________。
3. 赶在上下班的时间去坐地铁____________________。
4. 她显得比丈夫年轻得多，看起来____________________。

（六）我向来是很尊重孩子的……

“向来”，副词，表示从过去到现在都是如此。用法基本上同“一向”。例如：

（1）她每天都是六点起床，向来如此。
（2）这个地方的气候向来湿润温和，适合种茶。
（3）老李向来主张男女平等。
（4）那里的交通向来不方便。

即时练习

◇用“向来”改说句子：

1. 他从小到大一直是个很幽默的人。
2. 我爸爸一直以来都喜欢抽烟。
3. 他一直吃得很多，但一点也不胖。
4. 小张学习总是很努力，因此成绩一直很好。

（七）女儿愣住了，随即大声抗议：“妈妈，你怎么能这样……”

“随即”，副词，表示后边的动作紧接前边的动作，有“然后就”的意思，多用于书面语。例如：

（1）他跟我们说了一声“再见”，随即就上车走了。
（2）我感觉屋里烟味太大，随即把窗户打开了。
（3）他收到邮件后，随即转发给其他几位老师。
（4）他看到我，先是一愣，随即笑了。

即时练习

◇用“随即”完成句子：

1. 看到一辆出租车在他面前停了下来，____________________。
2. 他听说这个孩子需要帮助，____________________。
3. 他跟我们招了招手，____________________。
4. 李经理在合同上签字以后，____________________。

（八）处于更年期的中年妇女，荷尔蒙开始减少，会产生种种症状，比如焦虑、神经紧张、失眠等，甚至还有人骨折、得心脏病呢！

"甚至"，连词，引出一种极端的例子，强调某种突出的情况。前边可以有"不但"，后边可以有"还""都""也""连……也……"等与之配合。例如：

（1）我不但没有看过他的作品，甚至连他的名字也没听说过。

（2）我忘了给这些花浇水，结果有些叶子黄了，有些甚至已经死了。

（3）有些年轻人不但不养父母，甚至很少回去看父母。

（4）学过的课文，他都读得很流利，甚至都可以背下来了。

（5）我不但没有对你好一点，甚至还以青春期为理由对你那么凶。

即时练习

◇用"甚至"完成句子：

1. 这个问题太简单了，不但我知道，____________________。
2. 小李太粗心了，考试的时候____________________。
3. 现在几乎人人都有手机，____________________。
4. 这个成语故事不但中国人几乎都知道，____________________。

课堂练习

（一）根据课文内容回答问题：

1. 女儿是怎么向妈妈解释"青春期"的？哪句话是她自己加上去的？为什么？
2. 妈妈觉得女儿进入青春期后发生了什么变化？请举例说明。
3. 妈妈觉得女儿最令人受不了的是什么？有一次，爸爸为什么差点儿打她？
4. 请讲一讲由于哪一件事情让妈妈无法忍受，认为"该采取行动"了。
5. 妈妈采取了什么行动？
6. 处于更年期的妇女会有什么变化？
7. 妈妈真的是进入更年期了吗？这件事情让女儿有了什么变化？
8. 妈妈和女儿最后是怎么互相理解的？请你说说，作为青春期的孩子应该怎样对待父母？相反，作为父母应该怎样对待青春期的孩子？

（二）根据课文内容完成下面的表达：

1. 自打女儿进入青春期以后，变得__________，她的房间里__________，连__________都__________；她整晚都在__________，盯着__________，连__________都__________。最令妈妈__________的是，女儿的脾气__________，有一次气得她老爸__________给她一巴掌。

2. 有一次，女儿在房间听音乐，把声音__________，妈妈让她__________，她好像__________似的，__________很尊重孩子的妈妈，这次再也__________了。快步走过去，二话不说，一下子__________！

3. 女儿真的以为妈妈进入了__________，当她知道了__________比__________还要严重以后，不但__________妈妈道了歉，并且表示以后会__________控制自己的__________，不应该__________青春期__________借口，对周围的人，尤其是对自己的__________，随意发泄__________。

4. 当__________碰到__________这个老前辈时，应该多加__________；而当__________遇到__________这个后辈时，也要多加__________和爱护。

（三）课堂活动：

活动一

多义词比赛：所谓多义词，就是说一个词有多个意思。比如，课文中“自打女儿进入青春期”中的“打”在这里是“从”的意思，其实我们知道，“打”还有很多别的意思（比如“打电话”）。3–5 个人一组，进行比赛，说一说由“打”组成的词语，看看谁说得又多又快。

活动二

3–5 人一组，根据下列话题进行讨论，并把大家的观点记录下来，向全班汇报：

1. 你能理解课文中的这个女孩吗？为什么？
2. 你自己在青春期的表现怎么样？跟父母有矛盾吗？
3. 你认为处于青春期的孩子和处于更年期的父母互相之间应该注意什么？

下面的词语和句式可以帮助你表达：

情绪　稳定　谅解　不在乎　不耐烦　合心意　顶嘴　抗议
焦虑　心理上　生理上　困扰　发泄　烦躁　恶言恶语
唠叨　蛮横　责备　控制　差点儿　令人　尽量　甚至　简直
以……为……

扩 展 阅 读

母亲的难题

人生有许多难题，女儿是我最难的一道题。

当小生命还在肚子里的时候，我就开始了无穷无尽的担心：发育是不是健康？智力会不会有问题？五官不端正、相貌丑怎么办？

等到女儿平安落地，我又开始了无穷无尽的操心：她渴了吗？饿了吗？冷了吗？热了吗？今天怕她长得太胖，明天又怕她个子长得不够高，还要担心是不是缺碘、缺钙……

等到把女儿送进幼儿园，新的挂心马上又来了：她没有挨小朋友打吧？阿姨不会训她吧？不会比别的小朋友笨吧？没有什么坏习惯坏毛病吧……

不知从什么时候开始，年轻的家长们开始觉得正规的幼儿园教育已经不能满足孩子们的需要了。他们给孩子们找家庭教师，报各种各样的业余班。凡是别的孩子有的，自己的孩子就不能缺。其实，很多家庭的经济条件并不是很好。我也是其中的一员，我给孩子报了四个业余班：小提琴班、绘画班、合唱班，还有英语班。我不仅要牺牲休息日陪女儿去“上班”，而且自己也要跟着学，就为了回家能给女儿辅导。

真正让我费心的是，眼看着女儿一蹦一跳地消失在小学校那扇高高的铁门里，我还是在想：她的学习成绩好不好？品德行为好不好？同学关系好不好？老师对她如何评价？学校的教学水平怎么样……要知道，这一切都会影响女儿今后的一生啊！

现在让我最揪心最累心的时刻到来了！女儿今年考初中——懂得现代生活程序的人都知道，这是孩子一生当中最关键的时候。因为如果考不上一所重点中学，就意味着将来考不上好高中，上不了好大学，就根本别想找到好工作。我的看法可能有点儿太绝对，但摆在你面前的事实就是——一步赶不上，步步赶不上。谁敢放松今天而把希望寄托在将来呢？其实，我的孩子各方面的表现都很好，年年被评为三好生。许多家长都对我说：“要是我的女儿能像你女儿一样，我就什么心都不操了。”可是这怎么可能呢？孩子毕竟是孩子，尤其是我的女儿，最大的弱点就是承受不了压力，有时成绩会大起大落。因此，我一刻也不能放松啊，也不敢随便让女儿放松。每天下班回家，连口气都不喘，马上给女儿检查作业、布置作业。看到她很累的样子，也很心疼，但嘴上不能软，不能放松。在这关键时刻，稍微一放松，就可能留下终生的遗憾啊！

一个母亲操的心是无穷无尽的，即使女儿上了重点中学，还有高中、大学，还要读硕士、博士、博士后，还要找工作干一番事业。还要操心的是：她能不能找个好丈夫？家庭是否和睦幸福？他们以后的孩子会怎么样……母亲为儿女操一辈子心，直到生命的尽头。

我相信天下的母亲，都与我“心心相印”。现代生活竞争太激烈了，连我们大人都感到压力很大，将来的孩子们，他们会是怎样的呢？

这真是最难的一道题，我们总不能代替他们生活吧？再说我们没有权利说我们的选择就一定对、一定好，一定能使他们幸福。

但是，这道题多难也得无穷无尽地做下去。

（作者：韩小惠。有删改。）

（一）阅读短文，给画线词语选择正确的解释：

1. 等到女儿平安落地，我又开始了无穷无尽的操心……

A 平安下了飞机　　B 顺利掉了下来　　C 顺利出生

2. 她没有挨小朋友打吧？

A 得到　　B 受到　　C 接着

3. 我不仅要牺牲休息日陪女儿去“上班”，而且自己也要跟着学。

A 工作　　B 挣钱　　C 上课外班

4. 尤其是我的女儿，最大的弱点就是承受不了压力，有时成绩会大起大落。

A 成绩很不稳定　　B 成绩很好　　C 成绩很差

5. 我相信天下的母亲，都与我“心心相印”。

A 一条心　　B 很相爱　　C 有相同的感受

（二）理解短文后回答问题：

1. 在女儿不同的年龄段，妈妈有什么不同的担心？

2. 为什么说女儿是妈妈最难的一道题？

7 我往东，他往西

课前提示

1. 性格不同的人能成为好朋友或者夫妻吗？为什么？
2. 你支持“跨国婚姻”吗？为什么？

课堂学习

词语

07-1

1	差异	chāyì	（名）	difference 性格的差异　水平的差异　环境的差异 观念上的差异　文化差异 存在着差异　有差异　产生差异　指出差异 差异很大　差异很明显 （1）我们和上一代人之间存在着观念上的差异。 （2）东西方文化的差异是很明显的。
2	本身	běnshēn	（代）	oneself, itself 公司本身　生活本身
3	围城	wéichéng	（名）	besieged city 一座围城
4	外表	wàibiǎo	（名）	outward appearance, surface 人的外表　重视外表
5	内心	nèixīn	（名）	heart, innermost being 内心世界　内心的想法
6	张牙舞爪	zhāng yá wǔ zhǎo		to bare fangs and brandish claws, to make threatening gestures 张牙舞爪的样子

*7	恰恰	qiàqià	（副）	just, exactly
8	若	ruò	（连）	(*formal*) if, supposing
9	马马虎虎	mǎmǎhūhū	（形）	not very good, just so-so 质量马马虎虎　成绩马马虎虎
10	归	guī	（动）	to belong to 归大家　归学校（所有）
11	暗喜	ànxǐ	（动）	to feel pleased but not show it 心中暗喜
12	抢	qiǎng	（动）	to vie for, to scramble for 抢东西　抢走
13	家伙	jiāhuo	（名）	fellow, guy 这个家伙
14	思维	sīwéi	（名）	thought, thinking 相同的思维
15	彩票	cǎipiào	（名）	lottery 买彩票
16	中奖	zhòng//jiǎng	（动）	to win a lottery prize 中了大奖
17	路口	lùkǒu	（名）	crossing, intersection 在路口
*18	照例	zhàolì	（副）	as a rule, as usual, usually
19	剪刀	jiǎndāo	（名）	scissors 一把剪刀
20	静悄悄	jìngqiāoqiāo	（形）	very quiet 静悄悄的房间　静悄悄地离开
21	上空	shàngkōng	（名）	in the sky, overhead 城市上空　在上空
22	寂静	jìjìng	（形）	quiet, still, silent 寂静的森林　一片寂静
23	震撼	zhènhàn	（动）	to shake, to shock 十分震撼　震撼人心　震撼全球
24	场面	chǎngmiàn	（名）	scene 热烈的场面　紧张的场面　比赛的场面 一幅感人的场面 习惯（这种）场面　出现（感人的）场面 见过（战争的）场面 场面很大　场面很感人

				（1）演讲比赛的场面紧张而热烈。 （2）面对这幅感人的场面，很多人都忍不住流下了眼泪。
*25	总算	zǒngsuàn	（副）	at long last, finally
26	模仿	mófǎng	（动）	to imitate, to copy, to model oneself on 模仿别人 模仿得很像
27	想象	xiǎngxiàng	（动、名）	to imagine; imagination 发挥想象　想象力 想象一下　想象出来
28	外套	wàitào	（名）	overcoat, outer garment 一件外套　穿外套
29	拼命	pīnmìng	（副）	exerting the utmost strength, for all one is worth, desperately 拼命地跑　拼命工作
30	摇摆	yáobǎi	（动）	to sway, to swing 左右摇摆　摇摆身体
31	求救	qiújiù	（动）	to cry or send for help 马上求救　求救信号
32	慌张	huāngzhāng	（形）	flurried, flustered 显得很慌张　感到慌张 他很慌张　内心很慌张　眼神很慌张 语气很慌张　动作很慌张 十分慌张　慌张得不得了　慌张了半天 （1）那个酒后驾车的司机一见到警察过来显得很慌张。 （2）一听到脚步声，小偷就慌慌张张地逃走了。
33	追查	zhuīchá	（动）	to investigate, to trace, to find out 追查罪犯　正在追查
34	情节	qíngjié	（名）	plot 故事情节　一段情节　紧张的情节
35	彼此	bǐcǐ	（代）	each other, one another 彼此了解　彼此的关系　彼此之间

36	**特色**	tèsè	（名）	characteristic, distinguishing feature or quality 有特色　讲究特色　保持特色　失去特色 中国特色　北方特色　作品的特色 产品的特色　一种特色 特色明显　特色很多 特色小吃　特色旅游　特色专业　特色产品 （1）这家饭馆的环境布置得很有特色。 （2）总是模仿别人，你的作品就会失去自己的特色。 （3）旅行时，他最喜欢品尝当地的各种特色小吃。
37	气呼呼	qìhūhū	（形）	panting with rage, in a huff 气呼呼的样子　气呼呼地说
38	**冷静**	lěngjìng	（形）	sober, calm, composed 保持冷静　显得很冷静 冷静的态度　冷静的头脑　冷静的心理 冷静的语气 冷静地处理　冷静地对待　冷静地说 非常冷静　冷静下来　冷静得很　冷静一下 （1）面对这一突然发生的事件，他的头脑仍然十分冷静。 （2）你冷静一下，不管怎样也不应该冲着孩子发脾气啊。
39	怒冲冲	nùchōngchōng	（形）	in a rage, furious 怒冲冲的样子　怒冲冲地喊
40	嘻嘻哈哈	xīxīhāhā	（形）	not serious, laughing and joking, laughing merrily 嘻嘻哈哈地聊着　整天嘻嘻哈哈
41	开口	kāi//kǒu	（动）	to open one's mouth, to start to talk 不愿开口　开不了口　开口说话
42	寂寞	jìmò	（形）	lonely, lonesome 很寂寞　寂寞的心理
43	嘿嘿	hēihēi	（象声）	*sound of laughter*
44	书籍	shūjí	（名）	books 文学书籍　购买书籍
45	喜爱	xǐ'ài	（动）	to like, to love, to be keen on 十分喜爱　喜爱文学书籍
46	吹牛	chuī//niú	（动）	to boast, to talk big 爱吹牛　不要吹牛　吹了半天牛

47	资本	zīběn	（名）	capital, sth. to capitalize on 足够的资本　私人资本　没有资本 资本主义
48	糊弄	hùnong	（动）	to fool, to deceive 糊弄人　不要糊弄
49	迷糊	míhu	（形）	dazed, confused 迷迷糊糊　有些迷糊　犯迷糊
50	盲目	mángmù	（形）	blind, unseeing 盲目相信　盲目吃药　盲目地选择 盲目地发展　盲目地投资 盲目的行为　盲目的心理 很盲目　太盲目　不能盲目 （1）消费者不应该盲目相信广告。 （2）不要盲目地反对孩子的选择，但是要反对他们盲目的选择。 （3）他还不了解这里的市场就决定在这里投资，有点儿太盲目了。
51	崇拜	chóngbài	（动）	to worship, to adore 崇拜他
52	灵魂	línghún	（名）	soul 人的灵魂　艺术的灵魂

课文

07-2

我往东，他往西

差异[1]很多时候不是烦恼，而是生活本身[2]的乐趣。

一转眼，我和这个法国老外在同一个围城[3]里生活 3 年了。我们是两个性格完全不一样的人。我的外表[4]安静，内心[5]却张牙舞爪[6]，而他恰恰[7]相反。

因为性格的差异，我如想东，他一定想西，我若[8]说不，他一定说是。每天晚上，我根本不用看电视节目表，只需问一下：老公，今晚可有好看的电视节目？如果他淡淡地回答：都是些马马虎虎[9]的东西，那我就会马上跳起来说，好，今晚电脑就归[10]你了，我看电视。如果他高兴地说，今晚的电视好看极了，我就会知道一定不是我喜欢的，但也暗喜[11]，因为没人会和我抢[12]电脑了。

我常常想，如果有一天，这个家伙[13]能和我在同一时间内，用同样的思维[14]去想事情，或者如果他能在同一个问题上和我同时得到同样的答案，那么我买彩票[15]肯定中奖[16]。可是3年了，我还从没中过奖，哪怕是末等奖我也没中过。

有一个周末，我们去爬山。一路上，面对每个路口[17]，我们照例[18]是：我指向东，他指向西。我们就只好用“剪刀[19]石头布”来解决问题了。走累了，就决定坐在树林里休息一下。树林里静悄悄[20]的，正想闭上眼睛休息一下，突然间我们听到有飞机从上空[21]飞过，这声音在寂静[22]的树林里显得很震撼[23]。“这感觉就像是电影里的某个场面[24]。”他突然说道。我心中不禁十分兴奋，这个家伙总算[25]有和我想到一起的时候了——因为我此刻也想到了电影里的某个场面。

我于是就模仿[26]起我想象[27]中的电影来——我把白色的外套[28]脱下来拼命[29]地向上空摇摆[30]，做出一副求救[31]的样子。可是，他却慌慌张张[32]地把我的衣服一把夺了过去，并拼命地把我往树林深处拉，“快，快躲起来，千万不能让飞机看到我们！忘了我们刚抢了银行啊？这一定是在追查[33]我们。”他冲我喊道。

这次，我们倒是同时想到了电影里的某个情节[34]，不过我想到的是在林中迷失了方向，可他想到的是抢银行。知道了彼此[35]的想法后我们笑成了一团。看来，彩票不买也就算了吧。

两个性格不同的人生起气来也是很有“特色[36]”的：他气呼呼[37]的时候我冷静[38]如水；我怒冲冲[39]的时候他却嘻嘻哈哈[40]。所以3年了，我们之间竟没有机会大吵。我的脾气不好，爱发火，但是看到他嘻嘻哈哈的样子我总没法开口[41]。而他气呼呼的时候，我不愿理他，他一个人生气太寂寞[42]了，就忍不住向我喊道：嘿嘿[43]，为什么不陪我一起生气？——陪他生气？我陪他一起生我自己的气？想想觉得好笑就问他，为什么要陪你生气？陪你生谁的气？他说，我们是好朋友，你当然得陪我生我老婆的气了。这是什么逻辑！

性格不同让我高兴的是，他不喜欢的书籍[44]恰恰是我喜爱[45]的，因此我有了很多向他吹牛[46]的资本[47]。而他喜爱的东西却是我不愿意去了解的。所以，他常常也能把我糊弄[48]得迷迷糊糊[49]的。我们两个人有时竟然盲目[50]崇拜[51]起对方来了——谁说只有相似的灵魂[52]才能擦出火花来？

（选自《东西南北》，作者：冯彬。有删改。）

注　释

1. 围城：钱钟书（1910–1998，中国现代著名学者、作家）的小说《围城》中的人物在聊天时引用法国人的话说：婚姻就像“被围困的城堡”，“城外的人想冲进去，城里的人想逃出来”。

2. 剪刀石头布：一种两人游戏，剪刀、石头、布分别用伸直的食指和中指、握紧的拳头以及摊开的手掌代表，输赢规则为：剪刀剪不动石头（石头胜利）；布被剪刀剪开（剪刀胜利）；石头被布包裹（布胜利）。如果双方出示了一样的手势，就是平局。

语言点例释

（一）我的外表安静，内心却张牙舞爪。而他恰恰相反。

“恰恰”，副词，表示事情发生得巧合，有“正好”“恰好”的意思。多用于书面语。例如：

（1）昨天的考试很重要，恰恰在这个时候，他大病了一场。

（2）一直以为爸爸会反对我的计划，结果恰恰相反，他不仅没有反对，还表示非常支持。

（3）人们需要一种能让头脑保持清醒又有利于身体健康的东西，茶叶恰恰能满足这种需要。

“恰恰＋是”，用于正反对比的句子里，加强肯定的语气。

（4）父母对孩子的严厉，恰恰是对他们的疼爱。

（5）你最大的敌人不是别人，恰恰就是你自己。

即时练习

◇用“恰恰”改说句子：

1. 他回头去看，而那个女孩儿也在寻找他的目光。

2. 这种知足常乐的心态，正是我们这个时代的人缺少的。

3. 不要害怕别人提意见，别人的意见正是最值得我们珍惜的财富。

◇用“恰恰”完成句子：

1. 姐姐为她买的礼物，________________________________。

2. 他喜欢上了那个女孩子，而她________________________________。

3. 我们俩的爱好完全不同，他喜欢的东西，________________________________。

（二）我根本不用看电视节目表，只需问一下……

“根本”，副词，这里表示从头到尾，完全。多用于否定句。例如：

（1）那家博物馆随时都可以去参观，根本不用预约。

（2）他一直在专心工作，根本没有注意到已经到了下班的时间。

（3）考试太突然了，根本没有时间准备。

（4）你根本不了解情况，不要随便发表意见。

（5）不用穿那么多，外边根本就不冷。

（6）我根本怀疑这么做有什么好处。

即时练习

◇用“根本”完成对话：

1. A：你听清他说什么了吗？

B：声音太小了，________________________________。

2. A：小赵能来参加我们的晚会吗？

B：他的工作忙得不得了，________________________________。

3. A：你觉得这个办法对学习外语有用吗？

B：________________________________。

4. A：小李不是提醒你今天开会了吗？

B：什么？他________________________________。

（三）面对每个路口，我们照例是：我指向东，他指向西。

“照例”，副词，表示按照惯例或者常规。例如：

（1）每天中午，他照例要睡一会儿午觉。

（2）我们学校照例每年的4月份举行运动会，届时全校照例放假1天。

（3）春节前后照例会出现一个消费的高峰。

（4）到了假期，我照例会跟朋友一起出游。

（5）每年的母亲节，照例她都会给妈妈买一束康乃馨。

即时练习

◇用“照例”完成句子：

1. 每到周末，________________。

2. 中秋节的时候，中国人________________。

3. 晚上临睡觉前，________________。

4. 我们家里重要的事情，________________。

（四）这个家伙总算有和我想到一起的时候了。

“总算”，副词，表示经过相当长的时间以后，希望的事情终于出现了。例如：

（1）他花了半年的时间，总算写完了毕业论文。

（2）能问到的人我都问过了，最后总算打听到了他的电话。

（3）经过几个月的观察，我总算掌握了这种动物的生活习惯。

（4）通过自己的努力，他总算找到了解决问题的办法。

即时练习

◇用“总算”完成句子：

1. 已经下了好几天雨了，今天________________。

2. 他连续考了两年大学，________________。

3. 他________________，我们都快等他一个小时了。

4. 今天的作业真多，我花了两个多小时，________________。

5. 他都病了一个星期了，________________。

（五）千万不能让飞机看到我们。

“千万”，副词，有“一定、务必”的意思，表示恳切的叮嘱，只能用于祈使句。多用于否定句，后面常跟“别、不可、不能、不要”连用。用于肯定句时，后面常跟“要”连用。例如：

（1）记住，千万别酒后开车，那是拿生命开玩笑。
（2）我们下周五开座谈会，届时大家千万不要迟到。
（3）在长辈面前，可千万不能失礼啊。
（4）妈妈反复叮嘱小芳过马路时千万要小心。
（5）千万要记住，遇到任何困难都不要对自己失去信心。

即时练习

◇用“千万”完成句子：

1. 小李，你明天早上有考试，________________。
2. 护照、钱包这类东西________________。
3. ________________，这样对身体不好。
4. ________________，一寸光阴一寸金啊。

（六）这次，我们倒是同时想到了电影里的某个情节，不过我想到的是在林中迷失了方向，可他想到的是抢银行。

“倒（dào）（是）”，副词，这里表示让步语气，用于前一小句，后一小句常用“就是、可是、但是、不过”等呼应。例如：

（1）住在这里交通倒是很方便，可是有些太吵了。
（2）我跟他认识倒是认识，但是不太熟悉。
（3）这件衣服看起来倒是挺漂亮的，不过质量却马马虎虎。
（4）那个地方我倒是很想去，就是现在没有时间。
（5）这篇文章语言倒是很生动，只是生词太多了。

即时练习

◇用“倒是”完成句子：

1. 小王________________，就是有些懒惰。
2. ________________，但是口语水平还需要进一步提高。

3. A：你出国留学的事，爸爸同意了吗？

B：唉，别提了，________________，可是妈妈坚决反对。

4. A：你现在还发烧吗？

B：________________，但还是咳嗽得很厉害。

5. A：小李昨天来上课了吗？

B：________________，就是来得太晚了。

（七）谁说只有相似的灵魂才能擦出火花来？

"谁说……"，反问语气，表示不同意某种说法，语气很强。例如：

（1）谁说便宜没好货？你看这件衬衣的质量就很好啊。

（2）谁说他们没有希望夺冠？我觉得他们今年大有希望。

（3）谁说谈恋爱这种事一定要男人主动？

（4）A：我看你还是不太了解他。

B：我们俩已经认识二十多年了，谁说我不了解他？

在对话中，也可以用"谁说的"简单回应对方，表示不同意。

（5）A：这次比赛，我觉得我们赢的把握不太大啊。

B：谁说的！

即时练习

◇用"谁说……"完成对话：

1. A：女人没有男人聪明。

B：________________？我的成绩每次都比你高呢。

2. A：男人是干事业的，怎么能做家务呢？

B：________________。

3. A：小赵性格有点儿特别，好像不太好相处。

B：________________。

4. A：听说爱吃辣椒的人脾气不好。

B：________________。

课堂练习

（一）根据课文内容判断对错：

（　　）1. 不管“我”的丈夫喜不喜欢看晚上的电视节目，“我”都很高兴。
（　　）2.“我”很喜欢买彩票，希望能中奖发财。
（　　）3. 一次“我们”爬山时，面对路口，好不容易才想到了一起。
（　　）4.“我”拼命摇摆衣服是因为在想象中“我们”迷路了，需要求救。
（　　）5. 在他的想象中，我们刚刚抢过银行，所以他紧张万分。
（　　）6.“我”跟他结婚 3 年来，从来没有生过气吵过架。
（　　）7. 因为“我”不愿意理他，让他觉得很寂寞，所以他很生气。
（　　）8.“我们”都觉得对方很了不起，因为对方知道很多自己不知道的东西。

（二）根据课文内容回答问题：

1.“我”跟丈夫在性格上有什么差异？
2. 由于性格的差异，看电视时会出现什么情况？
3. 作者说“末等奖我也没中过”是什么意思？
4. 爬山时，“我们”照例遇到了什么问题，是怎么解决的？
5. 遇到飞机时，“我”心中为什么十分兴奋？
6.“我”跟他的做法有什么不同？这是为什么？
7.“我们”生气时各有什么“特色”？
8. 性格的差异带来了什么好处？

（三）读一读，记一记：

一些描写性格的词语：
外向　开朗　乐观　自信　热心　幽默（yōumò）　宽容
大方　善良　诚实　直率　心直口快　坚强　勇敢
安静　单纯　含蓄（hánxù）　温和　细心　通情达理
内向　拘谨（jūjǐn）　腼腆（miǎntiǎn）　悲观　胆小
急躁（jízào）　犟（jiàng）　急性子　懒惰（lǎnduò）
马虎　粗心　虚伪（xūwěi）　狡猾（jiǎohuá）　自私　小气
口是心非　无情无义

（四）课堂活动：

活动一

汉语中有些形容词可以做 AABB 式重叠（比如“从容——从从容容”“慌张——慌慌张张”），分组比赛，在规定的时间内，看哪一组想出的这一类形容词最多。

活动二

3–5 人一组，根据下列话题进行讨论，并把讨论的内容记录下来，向全班汇报。

1. 性格的差异跟什么有关系？
2. 你觉得男人和女人的性格主要有哪些不同？
3. 跟性格相似的人更容易相处还是跟性格互补的人更容易相处？为什么？
4. 你觉得人的性格能改变吗？为什么？

下面的词语和句式可以帮助你表达：

差异　外表　内心　彼此　冷静　喜爱

资本　盲目　灵魂　谅解　在乎　提倡

恰恰　根本　照例　谁说……　尽量　对……来说

扩展阅读

差异

许多人认为婚姻中有问题是因为彼此的差异太大，但是我却发现，我们几乎不可能找到一个与我们没有很大差异的人。就拿我们家的两个儿子来说，他们有完全相同的家庭和成长背景，甚至类似的基因组合，个性却是南辕北辙。哥哥内向、细心、谨慎，凡事深思熟虑，弟弟恰恰相反——外向、开朗、活泼、大方，但总是丢三忘四。

有趣的是，在谈恋爱时，我们往往会被与我们性格相反的人所吸引，这可能是“同极相斥，异极相吸”的原理。譬如：活泼外向的会喜欢冷静沉稳的人，急性子的会欣赏慢条斯理型的，还有最让我不解的是，精打细算的最后往往会配上大手大脚的人。这似乎是上天的美意，让人们在婚姻中能彼此互补，透过夫妻间的差异，使我们成为更丰富、更宽广、更完整的人。

有位年轻妈妈抱怨说：“我先生常破坏我辛苦帮孩子建立的生活规范，比如：我早已把孩子一天的生活作息都安排好了，晚上九点照例应该是上床时间，可是先生因为加班，有时九点多才回家，那时孩子已经上床，但还没睡着，先生就会高兴地大声说：‘我们去吃宵夜吧！’孩子便大叫：‘耶！’兴奋地从床上跳起来，跟着爸爸出去了。结果因为睡得太晚，第二天早上起不来，上学差点迟到。”很明显的，这位太太是做事中规中矩很有计划的人，一切都要按照时间表进行才觉得安心。而她先生很可能是比较放松、随性、享受生活的人。我对她说：“你们夫妻真是天作之合，我相信有一天你们的孩子长大之后，他们回顾童年，最快乐的回忆恐怕不是每天按照妈妈所规划的时间表作息，而是在心不甘情不愿地上床后，忽然爸爸回家宣布：‘我们去吃宵夜吧’这样意外的惊喜。你的孩子绝对需要像你这样的母亲帮助他们过有规律的生活，但他们也绝对非常需要不按牌理出牌的爸爸在严谨的生活中偶尔带来一些调剂与乐趣，你们夫妻在性格上的差异能让彼此有更平衡的家庭生活。”

我常会弄丢东西，而丈夫却很细心。有一次，我找不到家的钥匙，而丈夫正好出差到国外，更离谱的是我居然断定它是被附近的工人偷走了，所以打了长途电话给丈夫，他还一再地要我确定是否真的没有掉在家的某个角落。我很肯定地说：“绝对是放在自行车篮子里被偷走的！”经过讨论之后，只好决定更换所有大门的锁，为了安全起见，我们还换了当时最贵的一种，花了上千块钱。丈夫出差回来后，不死心地在家寻找那串钥匙，他把手伸进我那有好几个口袋的皮包中，左摸右掏，接着我吃惊地听到一串钥匙的叮当声，那遗失的钥匙居然一直都在我的皮包里！我不禁羞愧得无言以对，立刻低下头想：“你骂我吧！你要怎么数落我，都是应该的。”但他竟笑嘻嘻地说：“我们住在这里几十年，旧的锁早该换了，换得好！”他没有因我们的差异——他精明，我糊涂——而责备或嘲笑我。那一天从他身上，我看到了什么是爱。

有智慧的人应把对方跟我们不同的地方看作特点而非缺点，它可以弥补我们的不足。我们要学习接纳、尊重甚至欣赏彼此的差异，而在看到他有不足时，也能学会沟通、理解、忍耐和宽容。婚姻中若有什么冲突或不愉快，原因往往不是差异太大，而是因为我们总是以自我为中心，要求别人顺着我们的意思。世界上没有两片完全相同的叶子，千万不要只是试图改变对方，倒是可以试试改变自己——成为一个更成熟、更宽容、更懂得付出爱的人。

（摘自新浪博客，作者：喜善。）

（一）短文中提到的下面两组性格哪些是相反、相对的？画线把它们连接起来：

外向、开朗、活泼、大方，丢三落四	冷静沉稳
精明	内向、细心、谨慎，凡事深思熟虑
中规中矩，有计划	糊涂
精打细算	放松、随性
急性子	大手大脚
活泼外向	慢条斯理

（二）根据短文内容，在 A、B、C 中选择正确答案：

1. 作者举两个儿子的例子，是为了说明：(　　)

A. 差异并不影响家庭幸福

B. 性格形成的原因是很复杂的

C. 人和人之间总是存在着差异

2. “个性却是南辕北辙”，这里的“南辕北辙”可能的意思是：(　　)

A. 完全相反

B. 合不来

C. 很特别

3.“精打细算的最后往往会配上大手大脚的人”，这里的“大手大脚”可能的意思是：(　　)

A. 做事马马虎虎

B. 花钱很随便

C. 生活中很懒惰

4. 那位年轻的妈妈抱怨是因为：(　　)

A. 儿子不遵守作息时间，差点儿迟到

B. 先生总是加班，回来得太晚

C. 先生影响了她的安排

5.“我”对这件事的看法是：(　　)

A. 她不该这么严格地要求孩子遵守作息时间

B. 尽管她丈夫不该打乱她的计划，但是这将为孩子带来美好的回忆

C. 他们夫妻性格上的差异对家庭生活有好处

6.“我”的丈夫发现钥匙以后是怎么做的？(　　)

A. 嘲笑“我”

B. 称赞“我”

C. 想办法安慰“我”

（三）理解短文后回答问题：

1.“我”的两个儿子性格有什么差异？“我”和“我”丈夫呢？

2. 面对性格的差异，人们应该怎么做？你同意作者的看法吗？为什么？

8 称呼之难

课前提示

1. 请问一下你的中国朋友：在称呼方面中国人有什么讲究？
2. 请讲一讲你在称呼别人的时候引起的误会或尴尬的情况。

课堂学习

词语

08-1

1	称呼	chēnghu	（动、名）	to call, to address; form of address 怎么称呼　在称呼方面
2	交往	jiāowǎng	（动）	to associate with, to contact 与人交往　经常交往　国际交往 交往多年　交往下去 （1）学习汉语以后，他经常与中国人交往。 （2）她是我交往多年的好朋友。
3	学问	xuéwen	（名）	scholarship, knowledge, learning 有学问　学问很深
4	讲究	jiǎngjiu	（名、动）	point deserving attention or careful study; to be particular about, to pay attention to 有讲究　很多讲究 讲究卫生　讲究方法 （1）我们国家在称呼方面有很多讲究。 （2）学习外语，一定要讲究方法。
5	假如	jiǎrú	（连）	if, suppose that
6	地位	dìwèi	（名）	position, standing, place, status 有地位　地位很高

7	年纪	niánjì	（名）	age 多大年纪
8	老爷	lǎoye	（名）	(*old-fashioned*) master, lord
9	少爷	shàoye	（名）	(*old-fashioned*) young master, childe, signorino
10	夫人	fūren	（名）	madam
11	小姐	xiǎojie	（名）	Miss, young lady
*12	大致	dàzhì	（副）	in general, by and large
13	相当	xiāngdāng	（副）	quite, rather 相当长　相当好
*14	一律	yílǜ	（副）	all, without exception
15	同志	tóngzhì	（名）	comrade
16	师傅	shīfu	（名）	(*polite title for one with accomplished skill in a trade or handicraft, etc.*) master
17	改革	gǎigé	（动）	to reform 经济改革
18	开放	kāifàng	（动）	to open up 对外开放　改革开放
19	层出不穷	céng chū bù qióng		to emerge in an endless stream
20	职位	zhíwèi	（名）	position, post 什么职位　职位较高
21	姓氏	xìngshì	（名）	surname, family name
22	冒昧	màomèi	（形）	bold, presumptuous 有点儿冒昧　冒昧打扰
23	尴尬	gāngà	（形）	embarrassed, embarrassing 觉得尴尬　尴尬的情况
24	亲疏	qīnshū	（名）	closeness and distance 关系亲疏
25	尊卑	zūnbēi	（名）	dignity and humility 职位尊卑　不分尊卑
26	必要	bìyào	（形）	necessary 有必要　没有必要
27	权力	quánlì	（名）	power, authority 权力很大　没有权力
28	依靠	yīkào	（动）	to rely on 依靠别人　依靠父母

29	手足	shǒuzú	（名）	brothers 手足之情　亲如手足
30	情谊	qíngyì	（名）	friendly feelings or sentiments 手足情谊　情谊很深
31	未婚	wèi hūn		unmarried
32	已婚	yǐ hūn		married
33	西化	xīhuà	（动）	to westernize 西化的称呼　被西化
34	称谓	chēngwèi	（名）	appellation, form of address
35	不伦不类	bù lún bú lèi		neither fish nor fowl, not any recognizable thing 打扮得不伦不类
36	顺耳	shùn'ěr	（形）	pleasant to the ear 听着顺耳
37	少妇	shàofù	（名）	young married woman
38	意味	yìwèi	（动）	to mean, to imply ……意味着死亡　……意味着已经长大 ……意味着独立生活 （1）一般来说，心跳、呼吸停止就意味着死亡。 （2）考上了大学就意味着要独立生活。 （3）如果拒绝他，可能意味着我将失去一次机会。
39	况且	kuàngqiě	（连）	moreover
40	注重	zhùzhòng	（动）	to lay stress on 注重打扮　注重营养
41	保养	bǎoyǎng	（动）	to maintain, to preserve 保养身体　保养得很好
42	晚婚	wǎnhūn	（动）	to marry late 鼓励晚婚　提倡晚婚
43	眼下	yǎnxià	（名）	at present
44	特定	tèdìng	（形）	specific, specified 特定情况　特定的条件
45	自尊	zìzūn	（动）	self-respect, self-esteem 自尊心

46	伤害	shānghài	（动）	to hurt 受到伤害　避免伤害　造成伤害 伤害别人　伤害自尊　伤害感情　伤害身体 （1）这次吵架大大伤害了他们之间的感情。 （2）你这样对她说话，使她的自尊心受到了伤害。
47	昵称	nìchēng	（名）	nickname
48	爱称	àichēng	（名）	pet name
*49	反正	fǎnzhèng	（副）	anyway, anyhow
50	妥	tuǒ	（形）	proper, appropriate, suitable; settled 这样不妥　事情办妥了
51	默契	mòqì	（形）	mutually and tacitly understood, well coordinated 感情默契　配合默契
52	偶然	ǒurán	（形）	accidental, by chance 非常偶然　偶然的机会　……是偶然的 偶然遇到　偶然发现 （1）一次偶然的机会，我认识了他。 （2）他平时学习很努力，这次没有考好是偶然的。 （3）有一天，我在街上散步时偶然看见了这只流浪狗。
53	抱怨	bàoyuàn	（动）	to complain 抱怨别人　抱怨天气（不好） 抱怨物价（飞涨） 经常抱怨　总是抱怨　抱怨了很长时间 （1）儿子回家后一直抱怨老师留作业太多。 （2）老太太整天抱怨，不是抱怨天气太冷就是抱怨物价太高。
54	发火	fā//huǒ	（动）	to get angry, to flare up 总是发火　别发火　对（冲）他发火 发什么火　发那么大火　发过一次火 （1）爸爸脾气不好，工作压力大的时候总是冲我们发火。 （2）他还是个孩子，你怎么发那么大火呀？
*55	可见	kějiàn	（连）	it is thus clear that

56	门	mén	（量）	(*used for field of study or technical training*) kind 一门学问　一门技术　五门功课　三门语言 （1）听说他懂五门语言，真了不起！ （2）其实，怎么称呼别人也是一门学问。 （3）这学期我一共选了六门课，都挺有意思的。
57	亲密	qīnmì	（形）	close, intimate 关系亲密　亲密的朋友
58	融洽	róngqià	（形）	harmonious, on friendly terms 关系融洽　感情融洽

课文

08-2

称呼[1]之难

人与人之间的交往[2]，有很多学问[3]，就拿称呼来说吧，中国人在称呼上有很多讲究[4]。在旧时代，假如[5]是个男的，又是有地位[6]的，那么，年纪[7]大些的就叫“老爷[8]”，年纪小些的就叫“少爷[9]”；假如是个女的，年纪大些的就叫“夫人[10]”，年纪小些的就叫“小姐[11]”。这样称呼，大致[12]不会有什么问题。新中国成立之后相当[13]长的一段时间里，情况就更加简单，不分男女，一律[14]叫“同志[15]”或者“师傅[16]”。

可是，改革[17]开放[18]之后，各种新鲜事物层出不穷[19]，与此同时，称呼上的讲究也就一下子多了起来。

称呼男人似乎最简单，不管年龄大小，职位[20]高低，都可以在其姓氏[21]后面加个“先生”，或者干脆称之为“先生”，也不会显得冒昧[22]或尴尬[23]。可总有一些人，为了达到与对方拉近关系的目的，成功地将“先生们”分出了亲疏[24]尊卑[25]来，如“王哥”、“老弟”、“李总”、“李经理”什么的。这实在大有必要[26]。假如你要求一位比自己大几岁的王姓男士办事，如果人家职位是总经理，要是简单地称其“王先生”，虽没有错，但让人觉得仅仅是肯定了他的性别，却没有尊重他的权力[27]和地位；要是换成“王总”，马上就有要依靠[28]人家的意思了；可要是称呼人家“王哥”呢，立刻就有手足[29]情谊[30]在里面了。

天下最难称呼的其实还是女人。很早就流行女士、小姐的称呼，从理论上说，未婚[31]者才可以称小姐，已婚[32]者可称女士。但现实生活中，常常觉得女士叫不出口，这种西化[33]的称谓[34]让普通人很难接受，觉得不伦不类[35]，还不如称大姐、阿姨什么的听起来更顺耳[36]。要是三十来岁的少妇[37]，你叫人家女士，人家要高兴才怪呢，现在人都怕老，女士意味[38]着结了婚，结了婚就意味着不再年轻了。还不如干脆叫人名字呢，况且[39]现在的人都注重[40]保养[41]，三十多岁看起来就像二十多岁，再加上现在晚婚[42]者越来越多，所以，还是称呼小姐为好。不过眼下[43]“小姐”这个称呼在很多地方又有了特定[44]的含义了，如果这样称呼，对方的自尊[45]就会受到伤害[46]。唉，看来，如何称呼女人确实不容易啊！

一般来说，夫妻之间的称呼应该很容易，属于自己家的事情，当然可以有很多昵称[47]、爱称[48]，或者干脆称呼名字也没什么大不了。不管怎么称呼，反正[49]双方高兴就行。还有的人，以“孩子他爸”，“孩子他妈”相称，好像也没什么不妥[50]。可有人居然没有称呼，如果要和对方说话，都是“喂”一声，“哎”一下，引起对方的注意就行了。我曾经以为这也是夫妻之间感情默契[51]的一种，可一个偶然[52]的机会改变了我的这种看法。有次坐地铁，听两位老太太聊天，胖老太在跟瘦老太抱怨[53]她的丈夫：“我们家老头儿对我‘喂’了几十年了，那天我实在忍不住，冲他发火[54]了，我说我不叫‘喂’，好像我没名字似的！”可见[55]，夫妻之间也不能随便叫的。

看来，如何称呼一个人，确实是一门[56]学问。不管是为了现有关系的亲密[57]融洽[58]，还是为了某种目的与人交往，实在有必要对称呼进行仔细研究。

（选自北青网“天天副刊”，作者：石竹。有删改。）

注　释

改革开放：改革开放是指二十世纪七十年代末（1978 年前后）中国开始对内进行经济改革、对外实行开放的政策。

语言点例释

（一）人与人之间的交往，有很多学问，就拿称呼来说吧，中国人在称呼上有很多讲究。

“拿……来说”，表示从某方面提出问题，以一个具体的例子来说明一个事物或情况。常用于口语。

例如：

（1）这个季节的水果真便宜，拿苹果来说，一斤才两块五。

（2）这次考试不算太难，拿我们班来说，平均成绩达到了 80 分。

（3）现在的物价就是贵，就拿衣服来说吧，质量好一点的就上千元。

（4）在我们家，什么事都要听爷爷的，拿旅游来说，他说去哪儿就去哪儿。

即时练习

◇用“拿……来说”完成句子：

1. 我们班的很多同学都很努力，______________，每天都主动预习和复习。

2. 几乎每天都堵车，______________，我上班的路上，竟然堵了两个小时。

3. 小李做什么事都很慢，______________，他竟然花了一个小时。

4. 很多事情做起来都需要坚持，______________，只有坚持下去才会成功。

5. 中国有很多传统节日，______________，是中国最重要的传统节日。

（二）这样称呼，大致不会有什么问题。

“大致”，副词，表示“大概”“大体上”“大约”等意思，后接动词、形容词、名词、数量词等。例如：

（1）对这个问题，我们和你的看法大致相同。

（2）这项工程大致两年可以完工。

（3）这句话这么翻译的话，大致没错，但意思不太完整。

（4）人的性格大致可以分为内向和外向两种。

即时练习

◇用“大致”回答问题：

1. 你每天写作业花多长时间？

2. 老师，您觉得我写的论文怎么样？

3. 在你的国家，一年可以分为几个季节？

4. 你知道今年寒假放多长时间吗？

5. 昨天晚上的那个中国电影，你全部都看懂了吗？

（三）……不分男女，一律叫“同志”或者“师傅”。

“一律”，副词，表示概括全部，没有例外。常用于通知、规定等。例如：

（1）迟到的人一律不准进来！

（2）大会上发的文件，会后一律收回。

（3）参加活动的同学一律是白衬衫、黑裤子。

（4）国家不分大小，一律平等。

即时练习

◇用“一律”改说句子：

1. 超过保质期的食品都不能出售。

2. 关于学生考勤的问题都是办公室负责的。

3. 来电影院的人都应该先买票后入场。

4. 参加比赛的同学都要到办公室报名。

5. 上课的时候不准吃东西。

（四）不管年龄大小，职位高低，都可以在其姓氏后面加个“先生”。

“不管”，连词，连接条件关系复句。“不管……都 / 也……”，表示在任何条件下，结果或者结论都一样。“不管”的后面一般有疑问代词（“谁、什么、哪儿、怎么”等）或者正反（v. 不 / 没 v.; adj. 不 / 没 adj.）、选择（A 还是 B）疑问形式，跟“无论”“不论”的意思、用法类似。多用于口语。例如：

（1）不管是谁，都应该珍惜时间。

（2）不管什么时候，不管做什么，他都对自己充满了自信。

（3）不管去哪儿，她永远也忘不了带上家人的照片。

（4）她不管多么生气，也绝不会冲孩子发火。

（5）不管你明天去不去，反正我一定会去的。

（6）不管是古代还是现在，知足常乐都是很多中国人的生活哲学。

即时练习

◇用“不管”完成句子或对话：

1. ______________________________，他都会坚持锻炼。

2. 现在，____________________________，人们都会随身带着手机。

3. A：如果在学习中遇到了困难，你还会坚持下去吗？

   B：_____________________________________。

4. A：你敢向她表白吗？要是她不喜欢你怎么办？

   B：_____________________________________。

（五）……或者干脆称之为“先生”，也不会显得冒昧或尴尬。

“干脆”，副词。用在动词前，表示做出决断，果断采取某种措施，以求简单、直接或彻底解决问题。例如：

（1）你对中国文化这么感兴趣，干脆去中国吧。

（2）为了能天天照顾奶奶，她干脆搬来跟奶奶一起住了。

（3）这辆自行车已经修了好几次了，干脆买辆新的吧。

（4）他们夫妻天天吵架，何必还在一起呢？干脆离婚吧。

即时练习

◇用“干脆”完成句子：

1. 我出门的时候，手套怎么也找不到了，_____________________。

2. 妈妈看儿子衣服洗得不干净，_____________________。

3. 天气太热了，我怎么也睡不着，_____________________。

4. 你的手机太过时了，连上网都上不了，_____________________。

（六）不管怎么称呼，反正双方高兴就行。

"反正"，副词。强调在任何情况下都不改变结论或结果，上文常有"无论""不管"或表示正反两种情况的词语。多用在主语前。例如：

（1）不管你们同意还是反对，反正我已经决定出国留学了。
（2）无论别人怎么劝她，反正她都不想在这儿工作了。
（3）这件衣服你们喜欢不喜欢没关系，反正我喜欢就行了。
（4）别人来不来我不管，反正你一定要来。

即时练习

◇用"反正"完成对话：

1. A：要是你父母不同意咱们结婚，怎么办？

   B：不管他们同意不同意，________________。

2. 妻子：这个房子太贵了，咱们别买了吧？

   丈夫：没关系，不管贵不贵，________________。

3. A：听说明天有雨，大家都不去长城了，你还去吗？

   B：不管天气怎么样，________________。

4. A：她说的那件事你相信吗？我觉得不太可信啊。

   B：不管你信不信，________________。

（七）……，可见，夫妻之间也不能随便叫的。

"可见"，连词。用于复句。承接上文，表示由上文所说的情况可以做出判断或结论。如果承接的是长句或段落，常用"由此可见"。例如：

（1）大夫看了检查结果，要求他马上住院治疗，可见，他的病比较严重。
（2）连这么简单的问题他都不会回答，可见，他没有认真学习。
（3）他一看到自己的成绩单就哭了起来，可见，这次考得不好。
（4）在新疆的吐鲁番一带流传着"早穿皮袄午穿纱，晚上围着火炉吃西瓜"的说法，由此可见，沙漠气候中的温度变化是最大的。

即时练习

◇用“可见”完成句子：

1. 我给她家里打了几个电话都没人接，________________。
2. 这次考试，连班里学习最好的同学都不及格，________________。
3. 他要的是“被子”，可服务员却拿来了“杯子”，________________。
4. 我发现张小姐的衣服、围巾、帽子，甚至手套都是红色的，________________。

课堂练习

（一）根据课文内容判断对错：

(　　)1. 在与人交往的过程中，如何称呼对方其实是一门学问，需要认真研究。
(　　)2. 在中国，对于年纪大些的、有地位的男人向来可以称呼“老爷”。
(　　)3. 改革开放之后，不论男女，一律称呼“同志”，大致不会有什么问题。
(　　)4. 对男人的称呼一般比较简单，直接在姓名前边加上“先生”就可以了。
(　　)5. 在中国，没有血缘关系的也可以称呼“兄弟”，比如“王哥”。
(　　)6. 假如称呼一个人“李总”，就说明很注重这个人的权力和地位。
(　　)7. “女士”“小姐”之类的称呼比较西化，在日常生活中让人很难接受。
(　　)8. 对于一个三十多岁的女人，不应称呼“女士”，应该称之为“小姐”。
(　　)9. 理论上说，“小姐”意味着未婚，而“女士”意味着已婚。
(　　)10. 夫妻之间的称呼最简单，不管怎么称呼都无所谓。

（二）根据课文内容回答问题：

1. 请说明“老爷”“少爷”“夫人”“小姐”“同志”“师傅”等称呼分别是什么时代、对什么人的称呼。
2. 改革开放之后，中国人在称呼方面有了什么变化？（以男性为例）
3. 为什么说对女人的称呼是最难的？（以三十岁女性为例）在你的国家呢？
4. 请举例说明，哪些称呼是“西化”的称呼？
5. 在中国，夫妻之间的称呼一般有哪些？在你的国家呢？

（三）请按照课文中所给例子填写下表：

称呼	适用对象	适用时代（或场合）
老爷	年纪大的、有地位的男性	旧时代
少爷		
同志、师傅		
夫人		
小姐		
先生		
王哥		
李总、李经理		
女士		
孩子他爸		
孩子他妈		
老公		
老婆		

（四）课堂活动：

活动一

两人一组，先找出下列词语的构成有什么特点（两个语素之间的意义有什么关系），然后试着再举出几个类似的词语，看谁说得又多又快：

1. 亲疏　　尊卑　　反正……

2. 依靠　　伤害　　保养……

活动二

3–5 人一组，根据下列话题进行讨论，并记录下来，然后向全班汇报：

1. 请谈谈在你的国家对不同年龄、不同性别的人，在称呼方面有什么讲究？

2. 在生活中，你在称呼方面遇到过什么误会或麻烦？为什么？

3. 在你的国家，同事之间、上下级之间、朋友之间、家庭成员之间、夫妻之间以及陌生人之间一般怎么称呼？为什么？

4. 你对别人（或者别人对你）有昵称或爱称吗？说一说这个称呼的来历。

下面的词语可以帮助你表达：

讲究　交往　地位　一律　亲疏　尊卑　情谊

未婚　已婚　年纪　昵称　爱称　亲密　可见

扩展阅读

夫妻称呼

夫妻之间的称谓好像有很多种，由于中国地域辽阔，地方文化不同，所以夫妻之间的称呼也不尽相同。随着时代的发展，夫妻间的称呼也在随之发生变化。

古时对妻子的称呼有多种，如：内人、糟糠、贱内、发妻、娘子……现代的称呼也不少，如：妻子、太太、夫人、贤内助、爱人……具有地方特色的称呼有：老婆、婆姨、屋里的、孩儿他娘、堂客、女人……爱称的有：宝贝、心肝、甜心……

对于丈夫的称呼好像没有妻子那么丰富，古时对丈夫的称呼有：相公、郎君、夫君、官人……现代有：爱人、先生、老公、男人、当家的、大掌柜、孩子他爹、老头子、那口子……

在中国，二十年前夫妻之间称呼一律为“爱人”，如今不太流行了。仔细想想，这“爱人”两字，似乎也不太“科学”。“爱人”之所以流行，似乎源于“五四”时代，从英文版“翻译”过来的。可是这种“移植”似乎不太得体。假如夫妻反目，感情不在，然而未离婚，难道依然称呼他（她）为“爱人”吗？改革开放以后，连海外华人回来听到“爱人”这个称呼，恐怕也十有八九会产生误会。

在南方，比如广东一带，普通人家流行“老公、老婆”之称呼。只是后来，这广东话居然流行全国，以至于现在连北方人夫妻之间也称“老公、老婆”了。

若称“屋里的”“孩儿他娘”之类，一来显得没有文化，二来，并不通用。这“孩儿他娘”若“有工作”，一般不可说“屋里的”，因为人家也常到“屋外”工作，也赚到了工资；而这“屋里的”若刚结婚，或尚未生养，则无法运用“孩他娘”之称呼。

“先生、太太”之称呼中国自古就有，只不过新中国以后不再流行。而如今又开始恢复，但男人称“我太太”或女人称“我先生”者，这口气往往带出港台风，或有旧社会资产阶级生活方式之嫌。

反观国外如欧美，夫妻之间称呼比较简单，无非“我夫我妻”，且此称呼基本为终身制。离婚后，依然可说“我前夫前妻”。

称呼里最明确的，具有法律意义的，还是“配偶”。但日常生活中，又不好说“我配偶”如何如何——除非法庭询问。

夫妻之间的称呼如何，看来还是采用“脚与鞋子”的关系处理。鞋子合不合适，只有脚知道。所以，不好用你的“脚”的观念，去衡量别人的“鞋子”。

（一）阅读短文，给画线词语选择正确的解释：

1. “由于中国地域辽阔，地方文化不同，所以夫妻之间的称呼也不尽相同。”

A. 不相同

B. 不完全相同

C. 完全不相同

2. “……连海外华人回来听到“爱人”这个称呼，恐怕也十有八九会产生误会。”

A. 十个　　B. 八九个　　C. 大部分

3. “这口气往往带出港台风……”

A. 香港、台湾一带的风气

B. 香港、台湾一带刮大风

C. 从香港、台湾刮来的风

4. 反观国外如欧美，夫妻之间称呼比较简单，无非“我夫我妻”。

A. 除非　　B. 没有是非　　C. 只是

（二）理解短文后回答问题：

请举例说明：在中国夫妻之间的称呼有哪些种类？你觉得夫妻之间的称呼是不是个简单的问题？在你的国家如何？

9 今天，你心情好吗

课前提示

1. 遇到堵车时，一般司机会怎么样？谈谈你遇到过的出租车司机。
2. 你平时心情怎么样？在你心情不好的时候，你一般会怎么调整？
3. 你觉得应该用什么样的心态来面对生活中的不顺心的事情？

课堂学习

词语

09-1

1	郊区	jiāoqū	（名）	suburbs, suburban district 北京郊区　住在郊区
2	企业	qǐyè	（名）	enterprise, business 一家企业　国有企业
3	采访	cǎifǎng	（动）	to interview, to cover (news) 接受采访　拒绝采访　开始采访 采访老师　采访一下　采访了半个小时 （1）作为记者，他经常出去采访。 （2）昨天我在大街上想采访一位出租车司机，他很高兴地接受了。
4	高峰	gāofēng	（名）	peak, summit, height 上下班高峰　高峰时期
5	随口	suíkǒu	（副）	(to speak) thoughtlessly 随口说　随口答应
6	后视镜	hòushìjìng	（名）	rear-view mirror
7	闷	mēn	（形）	(of voice or sound) muffled 声音闷闷的

8	不景气	bùjǐngqì		depressed, slack 经济不景气
9	赚	zhuàn	（动）	to make a profit, to gain 赚钱　赚一大笔钱　赚不了钱 赚得多　赚得少　赚够了 拼命赚（钱）　努力赚（钱）　好好赚（钱） 不赚钱 （1）他很会做生意，这些年已经赚了不少钱了。 （2）等我赚够了钱，就给妈妈买一套大房子。
*10	显然	xiǎnrán	（形）	obvious, evident
11	话题	huàtí	（名）	topic 什么话题　换个话题
12	宽敞	kuānchang	（形）	spacious 很宽敞　宽敞的大厅
13	打断	dǎduàn	（动）	to interrupt, to cut short 打断他的话
14	话匣子	huàxiázi	（名）	chatterbox 打开话匣子
15	拥堵	yōngdǔ	（形）	congested, jammed 交通拥堵
16	油价	yóu jià		oil price 油价很高
17	上涨	shàngzhǎng	（动）	to rise, to go up 物价上涨　上涨得很快
18	插嘴	chā//zuǐ	（动）	to interrupt, to chip in 不要插嘴　插不上嘴
19	迥然不同	jiǒngrán bùtóng		to be totally different 性格迥然不同
20	笑容可掬	xiàoróng kě jū		to be radiant with smiles 笑容可掬的样子
21	伴随	bànsuí	（动）	to accompany, to follow 伴随着音乐
22	轻快	qīngkuài	（形）	brisk, light, lively 声音轻快　轻快的脚步
23	愉悦	yúyuè	（形）	joyful, cheerful, delighted 愉悦的心情　愉悦的声音

24	难得	nándé	（形）	hard to come by, rare 人才难得　机会难得　非常难得 难得的好机会　难得的好天气 难得一见　难得一笑　难得来一趟 （1）今天是个难得的好天气，我们去爬山吧。 （2）她在外地工作，一年难得回家几次。 （3）这次旅行，机会难得，我们一定不要放过。
25	动弹	dòngtan	（动）	to move 动弹一下　动弹不了
26	方向盘	fāngxiàngpán	（名）	steering wheel 握住方向盘
27	口哨	kǒushào	（名）	whistle 吹口哨　吹起口哨来
28	收入	shōurù	（名）	income, earnings 收入很高　收入很低
29	理想	lǐxiǎng	（形）	ideal 理想的工作　收入不理想
*30	何况	hékuàng	（连）	moreover, furthermore
31	停顿	tíngdùn	（动）	to stop, to halt, to pause 停顿一下
32	角度	jiǎodù	（名）	point of view, angle 这个角度　换个角度
33	欣赏	xīnshǎng	（动）	to appreciate 欣赏风景　欣赏音乐
34	载	zài	（动）	to carry, to be loaded with 载客　载货　载人飞船
35	情侣	qínglǚ	（名）	lovers 一对情侣　情侣装
36	夕阳	xīyáng	（名）	the setting sun 夕阳西下　美丽的夕阳
37	鱼丸	yúwán	（名）	fish ball 吃鱼丸　鱼丸汤
38	意识	yìshi	（动）	to be aware of, to realize 意识到　意识到错了　意识到自己错了 意识到这一点 没有意识到　突然意识到　开始意识到 已经意识到 （1）看到父母的白发，我突然意识到他们真的老了。 （2）直到今天我才意识到了问题的严重性。

*39	以便	yǐbiàn	（连）	so that, in order to
40	名片	míngpiàn	（名）	business card 一张名片　交换名片
41	铃声	língshēng	（名）	ring, tinkle 电话铃声　闹钟铃声
42	赢得	yíngdé	（动）	to win 赢得比赛　赢得掌声
43	一帆风顺	yìfān fēngshùn		plain or smooth sailing 生活一帆风顺
44	**挫折**	cuòzhé	（名）	frustration 遇到挫折　害怕挫折　避免挫折 很大的挫折　爱情的挫折　意外的挫折 （1）人的一生并不是一帆风顺的，总会遇到各种各样的挫折。 （2）她在爱情的道路上遇到过一些挫折。
45	变故	biàngù	（名）	unforeseen event, misfortune 遇到变故　发生变故
46	顺心	shùnxīn	（形）	satisfactory 顺心的事情　不顺心
47	心烦意乱	xīnfán yìluàn		annoyed and perplexed
48	不堪	bùkān	（形）	utterly, extremely 痛苦不堪　脏乱不堪
49	**悲观**	bēiguān	（形）	pessimistic 很悲观　非常悲观　不悲观 悲观的人　悲观的心态　悲观失望 （1）他遇事从不悲观，是个很乐观的人。 （2）悲观的心态对人的健康是不利的。
50	宽容	kuānróng	（动）	to tolerate, to be tolerant 对人宽容　宽容别人
51	开朗	kāilǎng	（形）	open-minded, outgoing, cheerful 性格开朗

课文 09-2

今天，你心情好吗

那天一大早，我跳上一辆出租车，要到郊区[1]一家企业[2]去采访[3]。因正好是上班高峰[4]，没多久就堵车了，此时前座的司机先生开始叹起气来。我随口[5]和他聊了起来："最近生意好吗？"后视镜[6]上的脸拉了下来，声音闷[7]闷的："有什么好？到处都不景气[8]，你想我们出租车生意会好吗？每天很辛苦，也赚[9]不到什么钱，真是气人！"

显然[10]这不是个好话题[11]，换个话题吧，我想。于是我说："不过还好你的车很大很宽敞[12]，即使是堵车，也让人觉得很舒服……"他打断[13]了我的话，声音激动起来："舒服个鬼！不信你来试试，看你还会不会觉得舒服！"接着他的话匣子[14]就打开了，抱怨交通拥堵[15]、油价[16]上涨[17]、工作时间长、赚钱太少……我只能安静地听，一点儿插嘴[18]的机会也没有。

第二天同一时间，我再一次跳上了出租车，去郊区同一家企业，然而这一次却与上次迥然不同[19]。一上车，一张笑容可掬[20]的脸转了过来，伴随[21]的是轻快[22]愉悦[23]的声音："您好！请问您要去哪里？"真是难得[24]的亲切，我随即告诉了他我的目的地。他笑了笑："好，没问题！"然而没走两步，车子又在车流中动弹[25]不了了。前座的司机先生手握方向盘[26]，开始轻松地吹起口哨[27]哼起歌来，显然他今天心情不错。于是我问："看来你今天心情很好嘛！"他笑得露出了牙齿："我每天都是这样啊，每天心情都很好。""为什么呢？"我问，"大家不都说经济不景气，工作时间长，收入[28]都不理想[29]吗？"司机先生说："没错，眼下经济确实不景气，何况[30]我也有家有小孩要养，所以开车的时间也越来越长。不过，日子还是很开心地过，我有个秘密……”

他停顿[31]了一下，接着说：“我总是换个角度[32]来想事情。比如，出来开车，其实是客人付钱请我出来玩。像今天一早，我就碰到您，花钱请我跟您到郊外玩，这不是很好吗？等到了郊外，您去办您的事，我就正好可以顺便欣赏[33]郊外的景色，抽支烟再走啦！”他继续说：“像前几天我载[34]一对情侣[35]去湖边看夕阳[36]，他们下车后，我也下来喝碗鱼丸[37]汤，站在他们旁边看看夕阳才走，反正也已经来了，更何况还有人付钱呢？”

我突然意识[38]到自己今天遇上了一位难得的好司机，又能坐车，心情又愉快，真是棒极了！我决定跟这位司机先生要电话，以便[39]以后有机会再联系他。接过他名片[40]的同时，他的手机铃声[41]正好响起，有位老客人要去机场，原来喜欢他的不止我一个。相信这位司机的工作态度，不但为自己赢得[42]了好心情，也必定带来许多生意。

人生活在这个世界上，不可能都是一帆风顺[43]的，或者遇到困难，或者遇到挫折[44]，或者遇到变故[45]，或者遇到不顺心[46]的人和事，这些都是人生前进中的正常现象。然而，有的人遇到这些现象时，心烦意乱[47]，痛苦不堪[48]，悲观[49]失望，这样就会活得很累，很不开心，很不幸福。然而，有的人却学会了用阳光般的心态面对生活。所谓阳光心态，就是一种积极的、向上的、宽容[50]的、开朗[51]的健康心理状态。这样就会活得很开心，很快乐、很幸福！

（选自《都市心情》，作者：张怡钧。有删改。）

语言点例释

（一）显然这不是个好话题……

“显然”，形容词。表示非常明显，容易看出或感觉到。常用来引出一种显而易见的结论。例如：

（1）他一边开车一边轻松地吹着口哨，显然，他今天心情不错。

（2）姑娘红着脸接过了小伙子送的玫瑰花，显然她心里也喜欢这个小伙子。

（3）这个问题没有一个人能回答，显然大家都不明白。

（4）老师冲我点了点头，显然她是同意我的看法的。

（5）你这样对他说话显然没有礼貌。

即时练习

◇用“显然”完成句子：

1. 我看到她情绪不高，眼睛红红的，________________。
2. 小李今天上课的时候睡着了，________________。
3. 他一看到考试题就笑了，________________。
4. 爸爸一进家门就冲我发火，________________。
5. 小刘哼着歌从考场走了出来，________________。

（二）“不过还好你的车很大很宽敞，即使是堵车，也让人觉得很舒服……”

“即使”，连词，后边常带“也”跟它呼应，构成“即使……也……”这种固定结构。“即使”引出一种假设的情况，“也”后表示结论或结果不受这种情况的影响。例如：

（1）你就大胆地说吧，即使说错了也没关系。
（2）时间还早，我们即使再晚一会儿出发也不会迟到。
（3）即使遇到再大的困难，我们也不怕。
（4）我们还是早点儿出发吧，即使在车站等一会儿也不能迟到。
（5）这是考试，我即使知道答案，也不会告诉你的。

即时练习

◇用“即使……也……”完成句子：

1. 即使明天下大雨，____________。
2. 他的病太严重了，即使是最好的医生____________。
3. 他的汉语非常好，____________，他也听得懂。
4. 春节的时候，____________，我们也要回家过年。
5. 他一向乐于助人，即使自己吃点儿苦，____________。

（三）眼下经济确实不景气，何况我也有家有小孩要养，所以开车的时间也越来越长。

“何况”，连词。有以下两种用法。

A. 用在陈述句中，表示进一步追加理由，相当于“况且”。例如：

（1）这个地方很不好找，何况他又是第一次来，你就去接他一下吧。

（2）今天太晚了，何况又下着雨，你就别走了。

B. 用反问语气表示比较起来更进一层的意思。用在后一小句句首，“何况”前面可以加“更”“又”，后面也可以加“还”“又”。例如：

（3）再麻烦的事情我都能解决，更何况这点儿小事？

（4）连中国人都听不懂这个人的家乡话，又何况他还是个外国人呢？

即时练习

◇用“何况”完成句子：

1. 今天周末，__________________，咱们去爬山吧。

2. 今天我本来出门就有点儿晚了，__________________，能不着急吗？

3. 他连女朋友都没有，__________________？

4. 他们夫妻感情非常好，连难听的话都没有说过，更__________________？

（四）他们下车后，我也下来喝碗鱼丸汤，站在他们旁边看看夕阳才走，反正也已经来了，更何况还有人付钱呢？

“反正”，副词，强调事实或说明原因，语气较强。例如：

（1）反正我也不是外人，你就别客气了。

（2）反正已经放假了，干吗那么早起床呢？

（3）反正已经答应他了，何况今天也不忙，就跟他一起去吧。

（4）这件事反正大家都猜到了，干脆就直说了吧。

（5）咱们下午去逛街吧，反正没有别的事可做。

即时练习

◇用“反正”完成句子或对话：

1. 我替你把书还给图书馆吧，反正__________________。

2. A：咱们明天怎么去北大呢？

　B：反正__________________，我看咱们还是骑车去吧。

3. A：明天晚上的电影你去看吗？

　B：听说是英文电影，反正__________________，我就不去了。

4. A：你能不能陪我出去散散步？

B：好吧，反正____________。

（五）我决定跟这位司机先生要电话，以便以后有机会再联系他。

“以便”，连词。用于后一小句句首，表示使下文所说的目的容易实现。前后小句主语相同时，后一小句主语可省略。前后小句主语不同时，后一小句要出现主语。常用于书面语。例如：

（1）我必须先打工挣点儿钱，以便解决吃饭问题。

（2）如果发生呼吸困难，应马上通知大夫，以便采取急救措施。

（3）能否把你的手机号码告诉我，以便我们及时联系。

（4）玛丽打算住在中国朋友家里，以便更好地练习说汉语。

即时练习

◇用“以便”完成句子：

1. 学校为留学生开设了太极拳课，____________。

2. 妈妈给我买了手机，____________。

3. 学院最好提前把考试日期告诉学生，____________。

4. 考试之前，老师给大家出了一份复习题，____________。

5. 在中国，除了在学校学习，我们还应该出去参观旅游，____________。

（六）人生活在这个世界上，不可能都是一帆风顺的，或者遇到困难，或者遇到挫折，或者遇到变故，或者遇到不顺心的人和事，这些都是人生前进中的正常现象。

“或者……或者……”，两个或几个“或者”连用，表示选择，连接动词短语或小句。最后常有表示总结的小句。例如：

（1）或者考研究生，或者找工作，或者出国留学，我还没决定。

（2）或者你来我这儿，或者我去你那儿，或者找个咖啡馆，反正我们一定要面谈一次。

（3）我周末的时候或者睡懒觉，或者出去逛街，或者去看电影，反正不学习。

（4）你或者同意，或者反对，或者弃权，总得表明自己的态度。

即时练习

◇用“或者……或者……”回答问题：

1. 这个假期你打算做什么？
2. 你毕业以后有什么打算？
3. 如果你中了大奖，得到一笔钱，你会做什么？
4. 你一般怎么向别人祝贺生日？

（七）所谓阳光心态，就是一种积极的、向上的、宽容的、开朗的健康心理状态。

“所谓……就是……”，一种在解释说明时常用的句式。用“所谓”提出需要解释的词语，用“就是”加以解释。例如：

（1）所谓老年人，就是指六十岁以上的老人。

（2）所谓“裸婚”，就是指两个人结婚时没车没房没钱没婚礼，物质生活上几乎什么都没有。

（3）所谓“北漂族”，就是指那些从其他地方来到北京，在北京生活但却没有北京户口的人群。这些人多数都是青年人。

（4）所谓自然灾害，就是指人类无法抗拒的自然现象发生的损害，比如地震、台风、洪水等。

即时练习

◇用“所谓……就是……”回答问题：

1.“单身”是什么意思？
2. 什么叫“夜猫子”？
3.“HSK”是指什么？
4.“马大哈”是什么意思？

课堂练习

（一）根据课文内容回答问题：

1.“我”遇到的第一个出租车司机为什么不耐烦？

2.“我”跟他聊天时，他的态度怎么样？为什么？
3. 后来，“我”换了一个什么话题？这次，司机高兴了吗？为什么？
4.“我”遇到的第二个出租车司机怎么样？
5. 这个司机遇到堵车时的心情怎样？为什么？
6. 这个司机告诉了“我”一个什么秘密？
7. 遇到这样的好司机，“我”的心情怎么样？“我”为什么要他的名片？
8. 在生活中遇到不顺心的事时，应该怎么调整自己的心情？
9. 谈谈你对课文中两个出租车司机的看法，你喜欢哪一个，为什么？

（二）根据课文内容判断下列句子对错，并说明原因：

(　　)1. 那天坐出租车，因为“我”的话题不好，司机开始不耐烦地叹起气来。
(　　)2. 因为经济不景气、工作辛苦等原因，这位司机的心情很不好。
(　　)3. 后来，“我”换了一个话题，这时司机的心情好多了。
(　　)4.“我”遇到的第二个司机跟第一个司机有点儿不同。
(　　)5. 第二个司机即使遇到堵车，心情也很好。
(　　)6. 他很高兴，是因为今天一大早“我”就请他去郊外欣赏美丽的景色。
(　　)7. 前几天还有一对情侣请他去湖边看夕阳、喝鱼丸汤。
(　　)8.“我”很喜欢第二位司机，因为他的车又大又宽敞，即使堵车也没感觉不舒服。

（三）课堂活动：

活动一

几个人一组进行比赛：先找出课文中描写心情的词语有哪些。除了这些词语，你还知道哪些有关描述心情的词语？（比如：高兴、难过、伤心、郁闷、忧伤、痛苦……）看谁说得多、说得对、说得快。

活动二

以记者的身份，对别人的生活态度进行采访，采访的对象可以是司机、教师、同学、退休老人、青春期的孩子等。要求：两人一组，可以互换角色。

1. 你最近心情怎么样？
2. 你常常发脾气吗？为什么？
3. 你是个快乐的人吗？为什么？
4. 遇到不能忍受的事情，你会怎么样？
5. 你认为怎样才能保持乐观的心态？
……

下面的词语和句式可以帮助你表达：

心态　难得　轻快　愉悦　何况　即使……也……　换个角度
欣赏　挫折　乐观　悲观　开朗　宽容　显然　反正
或者……或者……　心烦意乱　顺心　一帆风顺

扩展阅读

学会转换你的生活态度

人生如梦，岁月无情，人活着其实是一种心情；穷也好，富也好，得也好，失也好，都是过眼烟云。记得在一本书里，我看到这样的一个故事，看后很受启发。

一位教师给学生上课时拿出一个十分精美的咖啡杯，当学生们正在赞美这个咖啡杯的独特造型时，教师故意装出失手的样子，咖啡杯掉在水泥地上摔成碎片，这时学生中不断发出惋惜声。

教师指着咖啡杯的碎片说："你们一定对这只杯子感到惋惜，可是无论你怎样惋惜也无法使咖啡杯再恢复原形。今后在你们生活中发生了无可挽回的事情时，请记住这个破碎的咖啡杯。"

这堂课，使学生们通过摔碎的咖啡杯懂得了一个道理：人在无法改变失败和不幸的命运时，要学会接受它、适应它，学会转换自己低落的情绪。

天有不测风云，人有旦夕祸福。人活在世上谁都难免要遇到一些挫折或者难以改变的事情。这个世界上，有些事情是可以改变的，也有很多事却是无法改变的。如亲人的去世和各种自然灾害，既然已成事实，就只能接受它、适应它。否则，忧郁、悲伤、焦虑、失眠会接踵而来，最后的结局是，你不能改变这些无法抗拒的事实，而是让无法抗拒的事实改变了你。

很多人问我：为什么总感觉到你是快乐的？

其实，谁没有烦恼？谁又可以抗拒各种情绪的困扰？

这个时候，我会把自己陷入短暂闭塞的空间，戴上耳机与天籁之音相吻；会打开音箱，与歌手一起痴醉；会冲一个热水澡，卸去心灵的疲惫；会准备一顿丰盛的晚餐，约上几个朋友大吃一顿；也会来到空旷的田野发自肺腑的呐喊，把积压的委屈趁机发泄出来，或者是写点东西，把自己的心情体现在字里行间。这样做了，心里会轻松很多，再睡个好觉，等天亮时一切都会变得崭新。

在当今这个压力越来越大的社会，人很难保持一个良好的心态，适当转换情绪，改变态度是必不可少的。懂得处理好自己的情绪，你才会拥有健康的心态，才有可能创造更美好的生活。

正如《古兰经》所说：“如果你叫山走过来，山不过来，那你就走过去……”

有一种说法说得好：“一个人的身体健康是1，而财富、感情、事业，家庭……都是1后面的0，只有依附于这个1，零的存在才会有意义，如果没了这个1，那么一切都将不存在。”因此人生最重要的就是有一个健康的身体，健康的身体靠什么来获得？那就必须有一个快乐的心情，所以，我们要学会释放压力，缓解疲劳，改变你的生活态度。

（一）阅读短文，给画线词语选择正确的解释：

1. 人活着其实是一种心情；穷也好，富也好，得也好，失也好，都是过眼烟云。

A. 在眼前看到的烟云

B. 比喻很快就消失的事物

C. 没看见，烟云漂走了

2. 教师故意装出失手的样子……

A. 由于手的动作不小心而使东西损坏

B. 失去了手

C. 用手来做

3. 天有不测风云，人有旦夕祸福。

A. 天气不能预测

B. 天上有云，天气不好

C. 比喻有些灾祸的发生，事先是无法预料的

4. ……否则，忧郁、悲伤、焦虑、失眠会接踵而来……

A. 很快地来

B. 跟着别人来

C. 接连不断地来

5. 适当转换情绪，改变态度是必不可少的。

A. 不少的

B. 一定需要的

C. 很多的

（二）理解短文后回答问题：

1. 老师在上课时，通过摔碎咖啡杯让同学们明白了什么道理？

2. 请举例说明，在这个世界上，有哪些事情是我们无法改变的。

10 胡杨林的启示

课前提示

1. 在成长的过程中，困难和挫折对我们有没有好处？
2. 父母对孩子过多的照顾是好事还是坏事？

课堂学习

词语

10-1

1	胡杨	húyáng	（名）	diversiform-leaved poplar 胡杨树　胡杨林
2	荒漠	huāngmò	（名）	bleak and boundless desert 一片荒漠
3	栽	zāi	（动）	to plant, to grow 栽树　栽花
4	苗	miáo	（名）	young plant, seedling 一棵苗　树苗
5	成活	chénghuó	（动）	to survive 树苗成活（了）　没有成活
6	烈日炎炎	liè rì yányán		burning sun 烈日炎炎的夏天
7	飞沙走石	fēi shā zǒu shí		sand flying about and stones hurtling through the air (as in a windstorm) 那里经常飞沙走石　一阵飞沙走石
8	雷打不动	léi dǎ bú dòng		not to be shaken by thunder—(of an arrangement or plan) not to be altered under any circumstances 雷打不动的习惯

9	挑	tiāo	（动）	to carry on the shoulder with a pole 挑水　挑担子
10	桶	tǒng	（名）	barrel, bucket, tub, pail 水桶　木桶　一桶水
11	辛勤	xīnqín	（形）	industrious, hardworking 辛勤地劳动　辛勤地工作　辛勤地研究 辛勤地付出 辛勤的汗水　辛勤的双手　辛勤的工人 辛勤的蜜蜂 （1）为了拍出这部电影，大家辛勤地工作了一年。 （2）在大家的辛勤努力下，我们的工作取得了很大的进步。 （3）人类用辛勤的双手，建设起了美好的家园。
12	浇灌	jiāoguàn	（动）	to water, to irrigate 浇灌树苗　浇灌蔬菜
13	浇	jiāo	（动）	to pour (liquid on sth.), to water, to irrigate 浇一些水　浇树苗　浇地　浇多了　浇灭 （1）那些树苗要干死了，你赶快浇一些水吧。 （2）这些水不要倒掉，还可以用来浇花。
14	瓢	piáo	（名）	gourd ladle, wooden dipper 水瓢　一瓢水
15	蒸发	zhēngfā	（动）	to evaporate 水分蒸发（了）　蒸发掉
16	悠闲	yōuxián	（形）	leisurely and carefree 悠闲地散步　悠闲的生活
*17	顺手	shùnshǒu	（副）	conveniently, without extra trouble
18	背	bèi	（动）	(with one's hands) to be clasped behind one's back 背着手　把手背过去
19	施肥	shī//féi	（动）	to apply fertilizer 施了不少肥
20	狂风	kuángfēng	（名）	whole gale, fierce wind 一阵狂风
21	整整	zhěngzhěng	（副）	whole, full 用了整整一天的时间
22	惊讶	jīngyà	（形）	surprised, amazed 感到惊讶　显得很惊讶 惊讶的表情　惊讶的语气　惊讶的目光 惊讶地说　惊讶地发现　惊讶地表示

				惊讶地看（着他） 十分惊讶　惊讶极了 （1）她惊讶地瞪着我，显然是不敢相信我说的话。 （2）令人惊讶的是，这些植物居然能在缺水的环境中生存这么长时间。
23	树枝	shùzhī		branch, twig 一根树枝
24	树干	shùgàn	（名）	tree trunk
25	狼藉	lángjí	（形）	in disorder, in a mess 一片狼藉
26	歪	wāi	（形）	askew, crooked 帽子歪（了）　字写歪（了）　有点儿歪
*27	纷纷	fēnfēn	（副）	one after another, in succession
28	**请教**	qǐngjiào	（动）	to ask for advice, to consult 向他请教　主动请教　虚心地请教 请教他　请教一个问题 请教一下　请教了半天 （1）他找到那位专家，虚心地向他请教了有关中国古代哲学的问题。 （2）您有时间吗？我有个问题想请教您一下。
29	老天爷	lǎotiānyé	（名）	God, Heavens
30	毁	huǐ	（动）	to damage, to ruin, to destroy 烧毁　撕毁　毁掉
31	理睬	lǐcǎi	（动）	(*usu. used in the negative*) to pay attention to, to show interest in （不）理睬别人　不理不睬
32	奥秘	àomì	（名）	profound mystery, secret 自然的奥秘　发现奥秘　有奥秘
33	微微	wēiwēi	（副）	slightly, faintly 微微地点点头　微微一笑
34	勤	qín	（形）	frequent （浇水）太勤了
35	糊涂	hútu	（形）	muddled, confused 很糊涂　糊涂的人
36	惰性	duòxìng	（名）	inertia, sluggishness 有惰性　克服惰性

37	泥土	nítǔ	（名）	earth, soil 泥土中　满身泥土
38	扎	zhā	（动）	to stick into, to plunge into, to get into 往里扎　扎进去
39	盘	pán	（动）	to coil (up), to wind, to twist 盘腿　盘起来
40	经得起	jīng de qǐ		to stand up to, to withstand 经得起仔细检查　经得起时间的考验
41	风雨	fēngyǔ	（名）	wind and rain, trials and hardships 经得起风雨　经历过风雨
42	肥料	féiliào	（名）	fertilizer, manure 添加肥料
43	供	gōng	（动）	to provide sb. with sth. (for the use or convenience of) 供人（休息）　供大家（参观）
*44	不得不	bù dé bù		to have no choice (or option) but, to have to 不得不早起　不得不答应
45	扎根	zhā gēn		to take root 扎不了根
*46	恨不得	hènbude	（动）	to wish oneself could, to be dying to
47	舒适	shūshì	（形）	comfortable 觉得舒适　很舒适 舒适的房间　舒适的环境　舒适的生活 过得很舒适　布置得很舒适 （1）每个人都希望有一个舒适的生活环境。 （2）他躺在床上，悠闲地看着杂志，很舒适。
48	温床	wēnchuáng	（名）	hotbed, breeding ground 舒适的温床　疾病的温床
49	孕育	yùnyù	（动）	to be pregnant with, to breed 孕育生命　孕育出来
50	灾难	zāinàn	（名）	disaster 一场灾难　发生灾难
51	根深叶茂	gēn shēn yè mào		to have deep roots and luxuriant leaves, to be well established and vigorously developing 根深叶茂的大树
52	顶天立地	dǐng tiān lì dì		of colossal stature or indomitable spirit 顶天立地的人　他的形象顶天立地

53	充足	chōngzú	（形）	adequate, sufficient 充足的阳光　充足的睡眠　充足的食品 充足的资金　充足的理由 阳光充足　资源很充足　时间很充足　十分充足 （1）云南气候湿润，阳光充足，适合多种植物生长。 （2）要想拥有健康的身体，一定要保证充足的睡眠。
54	水分	shuǐfèn	（名）	moisture content 充足的水分　含有水分
55	奋力	fènlì	（副）	doing all one can, sparing no effort 奋力前进　奋力追赶

课文

10-2

胡杨[1]林的启示

有两个人，都在一片荒漠[2]上栽[3]了一片胡杨树苗[4]。

树苗成活[5]后，其中的一个人每隔三天都会到荒漠中来。不管是烈日炎炎[6]，还是飞沙走石[7]，那人都会雷打不动[8]地挑[9]来一桶[10]一桶的水，辛勤[11]浇灌[12]他的那些树苗们。有时刚刚下过雨，他也会来，给他的那些树苗们再浇[13]上一瓢[14]。他说，沙漠里的水蒸发[15]得快，即使这样隔三天浇一次，树根其实也没吸到多少水，都蒸发掉了。

而另一个人呢，就悠闲[16]得多了。树苗刚栽好的时候，他来浇过几次水，等到那些树苗成活后，他就来得很少了。即使是来了，也不过是到处看看，发现有被风吹倒的树苗就顺手[17]扶一把，没事儿的时候，他就在那片树苗中背[18]着手悠闲地走一走。不浇一点儿水，也不施一点儿肥[19]。人们都说，这人栽下的树，肯定是成不了林了。

过了两年，两片胡杨树苗都长得有茶杯粗了。忽然有一夜，狂风[20]从沙漠深处吹来，伴着飞沙走石，整整[21]刮了一夜。第二天风停的时候，人们到那两片树林里一看，不禁十分惊讶[22]，原来辛勤浇水的那个人的树几乎全被狂风给刮倒了，有很多树，甚至被风连根拔了起来，树林里到处都是摔断的树枝[23]，倒地的树干[24]，真是一片狼藉[25]。而那个不怎么浇水的人，他的树林里，除了一些被风吹掉的树叶和一些被刮断的树枝，几乎没有树被风吹倒或者吹歪[26]。

大家都疑惑不解，纷纷[27]向这个人请教[28]说："老天爷[29]太不公平了，那个人常来施肥浇水，可他的那片胡杨林，一夜之间就被彻底毁[30]掉了。而你呢，把这些树苗栽活后，就对它们不理不睬[31]了。昨夜那么大的风，竟没有吹倒吹歪你的一棵树，难道这有什么奥秘[32]吗？"

那人听了，微微[33]一笑说："奥秘当然是有的。他的树这么容易就被毁掉了，就是因为他的树浇水浇得太勤[34]，施肥施得太勤了。"

人们更糊涂[35]了，难道辛勤为树浇水施肥是个错误吗？

那人叹了口气说："其实树跟人是一样的，对它照顾得太多，就养成了它的惰性[36]。你经常给它浇水施肥，它的根就不往泥土[37]深处扎[38]，只在浅处盘[39]来盘去，根扎得那么浅，怎么经得起[40]风雨[41]呢？如果像我这样，把它们栽活后，就不怎么理睬它，浅处没有水和肥料[42]供[43]它们吸收，它们就不得不[44]拼命向下扎根[45]，恨不得[46]把自己的根一直扎进地心深处。有这么深的根，这些树怎么会随随便便就被狂风刮倒呢？"

别给生命太舒适[47]的温床[48]，要不然只会孕育[49]出生命的灾难[50]。要想使你的生命之树根深叶茂[51]，顶天立地[52]，那就不要给它太充足[53]的水分[54]和肥料，而要逼着它奋力[55]向下自己扎根。

（选自《中国青年》，作者：李雪峰。有删改。）

注　释

胡杨：也叫"英雄树"，可以在极其干旱的环境中生存，耐高温、耐严寒、抗风沙，根须可深达10米。主要分布在中国西部的沙漠地区。

语言点例释

(一)……发现有被风吹倒的树苗就顺手扶一把。

“顺手”，副词，表示在做某件事时很轻易地一伸手顺便做另一件事。例如：

(1) 老王走进房间，顺手把门关上了。
(2) 他吃完最后一块巧克力，顺手把包装纸扔掉了。
(3) 老师走到窗前，顺手拉开了窗帘。
(4) 打完电话，我顺手把手机放在了桌子上。
(5) 他一边听，一边顺手把重要的内容记了下来。

即时练习

◇用“顺手”完成对话：

1. A：你把钥匙放哪里了？
   B：我打开门以后______________________。
2. A：你的手机怎么在厨房里呢？
   B：哦，我刚才做饭的时候接了个电话，______________________。
3. A：你看见我的那本杂志了吗？
   B：对不起，昨晚我睡觉之前翻了翻，______________________。
4. A：你怎么把你姐姐的衣服穿来了？
   B：咳，别提了，我们俩的衣服差不多，今天出门的时候一着急，______________________。

(二)发现有被风吹倒的树苗就顺手扶一把……

“把”，借用动量词。在汉语中，除了“次、下、回、顿、趟、遍、番”这类专用动量词以外，还有一些借用来的动量词，比如“脚、把、拳、巴掌、眼、口、刀、枪”等，通常为表示工具或者人体四肢、器官的名词。例如：

(1) 她抬起头看了我一眼，又接着读她的书。
(2) 杨林十分生气，冲上去打了对方两拳。
(3) 在混乱中，他被人从后面踢了一脚。
(4) 她抱起那个可爱的小孩儿，亲了一口又一口。
(5) 警察开了一枪，那两个坏蛋抱着脑袋逃走了。

即时练习

◇用线把动词和相关的数量短语连起来：

看	
抓	一脚
打	一拳
看	一把
尝	一巴掌
踢	一眼
扶	一口
亲	

◇选择下面的词做动量词完成句子：

脚　巴掌　眼　口　把

1. 他________________，说："确实挺漂亮的。"

2. 爸爸一时生气，________________，他大哭起来。

3. 那个菜他只________________就不吃了。

（三）大家都疑惑不解，纷纷向这个人请教说……

"纷纷"，这里是副词，表示很多人接二连三地进行某种活动，或事物接连出现某种情况。例如：

（1）听了老王的意见，大家纷纷点头表示同意。

（2）经济危机发生以后，很多国家纷纷进行了改革。

（3）每年一到了秋天，这些鸟就纷纷地飞往南方过冬。

（4）政府宣布了这个新的政策后，各大报纸纷纷发表文章进行评论。

（5）听说他在生活上遇到了困难，同学们纷纷向他伸出了援助之手。

（6）由于去年气候严重干旱，各地农产品的价格纷纷上涨。

即时练习

◇用"纷纷"完成句子：

1. 听说下个月有 HSK 考试，大家________________。

2. 在讨论会上，同学们________________。

3. 下课以后，______________________________。

4. 王强在比赛中得了冠军，______________________________。

（四）把这些树苗栽活后，就对它们不理不睬了

“不 A 不 B”，是一种固定的四字结构，在这里是用来强调否定。A 和 B 常为意义相近或相关的单音节动词、形容词。比较常见的如：

不知不觉、不声不响、不言不语、不理不睬、不闻不问、不吵不闹、不慌不忙、不干不净、不明不白。例如：

（1）车开得很快，不知不觉已经到达终点了。

（2）那种产品没有做过任何广告，就这样不声不响地占领了市场。

（3）该出发了，大家都急得不得了，他居然还在不慌不忙地收拾着行李。

（4）她一个人安静地坐在角落里，不言不语，好像在想什么事情。

（5）好朋友生病了，你怎么能不闻不问呢？

（6）怎么会呢？这场比赛他表现得很好啊，我觉得他输得不明不白的。

即时练习

◇**选择填空：**

不声不响　不闻不问　不吵不闹　不干不净　不慌不忙

1. 他________________地说：“别着急，我们会想出办法的。”

2. 你是警察，不能对这种违反交通规则的现象________________。

3. 小家伙才两岁，但父母不在身边时也________________，显得很乖。

4. 要讲究卫生，这些________________的东西吃了会生病的。

5. 小王________________地搬了家，过了好久我们才知道。

（五）……难道这有什么奥秘吗？

“难道”，语气副词，用于问句中，加强反问语气。句尾常有“吗”或“不成”。例如：

（1）他这么辛勤地工作，难道老板还不满意吗？

（2）不经历一些风雨是永远也长不大的，这个道理你难道不懂吗？

（3）你对孩子照顾得这么多，难道就不怕他养成惰性？

（4）钥匙难道还会飞到天上去不成？你仔细找肯定会找到的。

“难道”也可以用于带有揣测语气的疑问句中，增强语气。例如：

（5）我很久没有见到他了，难道他回国了吗？

（6）她怎么对我不理不睬的？难道是生了我的气不成？

即时练习

◇用“难道”把下面的句子改为反问句：

1. 我们是他的好朋友，他现在遇到了困难，我们当然会管。
2. 他明明是在找借口，你应该看得出来。
3. 没有付出，肯定不会有收获。

◇用“难道”完成句子或对话：

1. 长城那么有名，________________？
2. 他已经连续三天没来上课了，________________？
3. 儿子：妈妈，能不能帮我洗洗衣服啊？

   妈妈：你都这么大了，________________？

（六）……浅处没有水和肥料供它们吸收，它们就不得不拼命向下扎根……

“不得不”，表示只能这样，没有别的选择。例如：

（1）由于腿部受伤，他不得不退出了比赛。

（2）狂风一直在刮，我一整天都不得不待在家里。

（3）作为公司的领导，老王不得不为这次事故负主要责任。

（4）你以为我愿意去吗？我是不得不去。

（5）尽管我不喜欢他的这部作品，但我不得不承认，他确实很有才华。

（6）我不得不遗憾地通知你，这次面试你没有通过。

即时练习

◇用“不得不”完成下面的句子：

1. 小胡本来不爱逛街，可是为了女朋友________________。
2. 小杨喜欢睡懒觉，可是今天早上有课，________________。
3. 为了赚钱养活家人，________________。
4. 由于天气不好，________________。

（七）……恨不得把自己的根一直扎进地心深处。

“恨不得”，是为了强调某种急切的心理，表明非常盼望做成某事，带有很夸张的语气。多用于实际上做不到或者不可能去做的事情，后面常有“马上、立刻、一下子、全部、都”等副词与之配合。例如：

（1）他十分珍惜时间，学习起来恨不得把一天二十四小时都用上。

（2）安娜万分想念远在家乡的女儿，恨不得现在就飞到她的身边。

（3）听说那位歌星下周要来，大家很兴奋，恨不得马上就能见到她。

（4）看到球队踢得这么糟糕，他急得恨不得自己上场。

（5）他拼命地减肥，恨不得一下子就瘦下来。

（6）这里到处都是美景，简直看不过来，我恨不得多长出几双眼睛来。

即时练习

◇用“恨不得”完成下面的句子：

1. 她现在很想家，________________。

2. 那部长篇小说非常有意思，________________。

3. 我昨天一夜没睡，快要困死了，________________。

4. 商店里的衣服都那么漂亮，________________。

课堂练习

（一）根据课文内容判断对错：

（　　）1. 不管天气怎么样，第一个人每隔三天都给他的树苗浇一次水。

（　　）2. 第二个人从来不给树苗浇水施肥，对它们不理不睬。

（　　）3. 第二个人即使来了，也没有什么事儿干。

（　　）4. 大家没想到第一个人的胡杨树林几乎全被狂风刮倒了。

（　　）5. 第二个人的胡杨树林居然一点儿问题都没有。

（　　）6. 第一个人的胡杨树林被狂风毁掉是因为他对它们照顾得不好。

（　　）7. 第二个人比第一个人更了解胡杨树的特点。

（　　）8. 这篇课文是为了启示我们：懒惰也不一定是坏事。

（二）根据课文内容回答问题：

1. 第一个人栽了胡杨树苗以后是怎么做的？
2. 第二个人跟他有什么不同？别人看了是怎么想的？
3. 一场狂风过后，两个人的胡杨树林的情况有什么不同？
4. 大家为什么对此疑惑不解？
5. 这里的“奥秘”是什么？
6. 这个故事给了我们什么启示？

（三）读一读，记一记：

励志格言

◎ 生于忧患，死于安乐。——（春秋）孟子

◎ 逆境给人宝贵的磨炼机会。只有经得起环境考验的人，才能算是真正的强者。——［日本］松下幸之助

◎ 宝剑锋从磨砺出，梅花香自苦寒来。——中国古代格言

◎ 没有哪一个聪明人会否认痛苦与忧愁的锻炼的价值。——［英国］赫胥黎

◎ 不经历风雨，怎能见彩虹。——歌曲《真心英雄》

◎ 勤劳一日，可得一夜安眠；勤劳一生，可得幸福长眠。——［意大利］达·芬奇

◎ 人的大脑和肢体一样，多用则灵，不用则废。——茅以升

◎ 你想成为幸福的人吗？但愿你首先学会吃得起苦。——［俄国］屠格涅夫

◎ 苦难是人生的老师。——［法国］巴尔扎克

◎ 生命有如铁砧，愈被敲打，愈能发出火花。——［意大利］伽利略

◎ 天将降大任于斯人也，必先苦其心志，劳其筋骨，饿其体肤，空乏其身，行拂乱其所为。——（春秋）孟子

（四）课堂活动：

活动一

连句游戏：三人一组，第一个人 A 和第二个人 B 各自随意说出一个句子，请第三个人 C 想办法把这两个句子的意思联系起来（最好使用连词、副词，难度较大的话，也可以用增减词语、增加句子的办法），使它们变成有意义的表达。比如：

A：明天下雨。

B：她要去逛街。

C：即使明天下雨，她也要去逛街。

再比如：

A：他考试通过了。

B：火锅真好吃。

C：他考试通过了，所以高兴地请我吃火锅，火锅真好吃。

活动二

3-5 人一组，根据下列话题进行讨论，并把你们讨论的内容记录下来，向全班汇报。

1. 这篇课文给了我们什么启示？你同意作者的观点吗？说说你的看法。
2. 你遇到过什么样的困难和挫折？遇到困难和挫折时应该怎么做？
3. 如果你是父母，你选择给孩子“充足的水分和肥料”还是选择让他自己“扎根”？为什么？

下面的词语和句式可以帮助你表达：

奥秘　理睬　经得起　风雨　扎根　舒适

温床　孕育　锻炼　挫折　悲观　意识

不得不　恨不得　即使……也……　何况　拿……来说　宁可……也……

扩展阅读

学会看病

儿子长得比我高了。一天，我看他有点儿打蔫儿，就习惯性地摸摸他的头，我发现他在发烧。

“你病了。”我说。

“噢，可能是病了。我还以为是睡觉少了呢。妈妈，我该吃点儿什么药？”他问。

我当过许多年医生，孩子有病，照例都是我在家里给治了，他几乎没有去过医院。这次，当我又准备去为他找药时，心里突然一动。

“你长大了，你得学会看病。”我说。

“难道看病还用学吗？您给看看不就行了吗？”他十分惊讶。

“假如我不在家呢？”

“那我就打电话找你。”

“假如……你找不到我呢？”

“那我就……找我爸。”

这样逼问一个生病的孩子也许是一种残忍。但我知道，总有一天他必须独立面对疾病。既然我是母亲，就应该尽早教会他看病。

“假如你最终也找不到你爸呢？”

“那我就忍着。反正你们早晚会回家的。”儿子说。

“有些病是不能忍的，早治一分钟是一分钟。得了病最应该做的事是上医院。”

“妈妈，您的意思是让我独自去医院看病？”他说。

“正是。”我咬着牙说，生怕自己会改变主意。

“那好吧……”他摸着脑门，不知是虚弱还是思考。

“你到街上去打车，然后到医院。先挂号，记住，要买一本病历本。然后到内科，先到分诊台，护士让你到几号诊室你就到几号，坐在门口等。查体温的时候千万不要把人家的体温计打碎……”我喋喋不休地叮嘱着。

“妈妈，您不要说了。”儿子沙哑着嗓子说。

我的心不禁一下子就软了。是啊，孩子毕竟是孩子，而且是病中的孩子。我拉起他滚烫的手，说：“妈妈这就领你上医院。”他挣开我的手，说：“我不是那个意思。我是说我要去找一支笔，把您说的看病的过程记下来，我好照着办。”

儿子摇摇晃晃地走了。从他出门的那一分钟起，我就开始后悔。我想我一定是世上最狠心的母亲，在孩子有病的时候，不但不帮助他，还给他雪上加霜。我即使想锻炼他，也该领着他一道去，一路上指点指点，让他先有个印象，以后再按图索骥。这样虽说可能留不下记忆的痕迹，但来日方长，又何必在乎这病中的分分秒秒呢？

两个小时过去了，儿子还没有回来。这两个小时对我来说，是那么漫长。我知道看病是件费时间的事，但我的心还是疼痛地收缩成一团。

虽然我判定儿子患的只是普通感冒，如果寻找适合锻炼看病的病种，这是最好的选择，但我还是深深地自责。假如事情重来一遍，我再也不让他独自去看病了。这一刻，我只要他在我身边！

走廊上总算响起了熟悉的脚步声，我开了门，倚在门上。

“我已经学会了看病。打了退烧针，现在我已经好多了。这真是件挺麻烦的事，不过，也没什么大不了的。”儿子骄傲地宣布。然后又补充说：“您让我记的那张纸，有的地方顺序不对。”

我看着他，勇气又渐渐回到心里。我知道应该不断地磨炼他，在这个过程中，也磨炼了自己。

孩子，不要埋怨我在你生病时的冷漠。总有一天，你要离我远去，独自面对生活，经受各种风雨。我预先唯一能帮助你的，就是向你口授一张路线图，它也许不那么准确，但聊胜于无。

（作者：毕淑敏）

（一）阅读短文判断对错：

（　　）1. 儿子本来不知道自己病了。

（　　）2.“我”让他去医院是因为他这次病得比较重。

（　　）3. 儿子一出门“我”就开始后悔，觉得应该陪他一起去医院。

（　　）4. 儿子看病遇到了麻烦，因为“我”说的看病过程有的地方顺序不对。

（　　）5. 儿子怨“我”在他生病时太冷漠，但是“我”觉得这对他来说是一种锻炼。

（二）根据短文内容，在 A、B、C 中选择正确答案：

1. 假如“我”和丈夫都不在家，儿子生病时可能会首先：（　　）

A. 忍着，等“我”和丈夫回家

B. 给“我”打电话

C. 给爸爸打电话

2.“我喋喋不休地叮嘱着”，这里的“喋喋不休”可能的意思是：（　　）

A. 说得很详细

B. 说话没完没了

C. 说话匆匆忙忙

3.“这样虽说可能留不下记忆的痕迹，但来日方长，又何必在乎这病中的分分秒秒呢？”跟这句话意思最接近的是：（　　）

A. 这样做恐怕他将来会忘记，但是以后时间还长着呢，所以还是应该让他自己去看病。

B. 虽然他将来可能对自己去看病这件事印象不深，但日子还很长，没有必要担心这一点。

C. 以后日子还很长，没有必要现在让他学会看病，所以我陪他去也不错。

4. 下次儿子生病，“我”可能：（　　）

A. 还是让他自己去

B. 陪他一起去

C. 还是我自己给他看

（三）理解短文后回答问题：

1. 这次发现孩子生病了，“我”是怎么做的？“我”让他独自看病的目的是什么？

2. 对于“我”的这种做法，你有什么看法？

11 买彩票

课前提示

1. 你对买彩票、抽奖之类的活动感兴趣吗？为什么？谈谈你自己的看法。
2. 请讲一个与买彩票有关的小故事或者你自己在这方面的经历。

课堂学习

词 语

11-1

1	发售	fāshòu	（动）	to put on sale 发售彩票　发售点
2	喇叭	lǎba	（名）	bugle, loudspeaker 高音喇叭　吹喇叭
3	颇	pō	（副）	considerably 颇感兴趣
4	吸引力	xīyǐn lì		attraction 颇具吸引力　很大的吸引力
5	噪声	zàoshēng	（名）	noise 噪声很大
6	横幅	héngfú	（名）	banner 一条横幅
7	怦然心动	pēngrán xīndòng		palpitating with excitement, eager to do sth. 令人怦然心动
8	刺激	cìjī	（动）	to excite, to irritate 很大的刺激
9	运气	yùnqi	（名）	luck 有运气　好运气

10	降临	jiànglín	（动）	to befall 运气来了
11	掏	tāo	（动）	to draw out, to fish out, to pull out 掏钱包　掏书包 掏出来　掏了半天 从口袋里掏　往外掏 （1）他从书包里掏出一个本子，递给了我。 （2）他从口袋里掏了半天，可一分钱也没掏出来。
12	工薪阶层	gōngxīn jiēcéng		salaried workers, wage-earners
13	攒	zǎn	（动）	to accumulate, to save 攒钱　攒起来　攒够了　攒了一辈子 攒了半天 正在攒　拼命攒　努力攒　慢慢攒 （1）我正在攒钱，等攒够了 5000 块，我就去买一台新电脑。 （2）为了买房，他把攒了一辈子的钱都花出去了。
14	一本万利	yì běn wàn lì		a small investment brings a ten thousand-fold profit 一本万利的生意
15	一劳永逸	yì láo yǒng yì		to gain lasting repose by one supreme effort 一劳永逸的事情
16	诱人	yòurén	（形）	attractive 很诱人　诱人的饭菜
17	投资	tóuzī	（动）	to invest
18	愁眉苦脸	chóu méi kǔ liǎn		to have a worried and sad look 愁眉苦脸的样子
19	者	zhě	（助）	*used after an adjective (phrase) or verb (phrase) to indicate a person or thing possessing the quality denoted or performing the action denoted, or after "前", "后", "两", etc. to refer to the person(s) or thing(s) mentioned* 学习者　管理者　教育工作者　报名考试者 购买彩票者 强者　弱者　前者　后者　两者 （1）他们从几百位报名者中选出了 10 名同学，代表我校参加这次比赛。 （2）A：对一个人来说，相貌和性格，你觉得两者哪个更重要？ B：我觉得后者要比前者更重要。

20	逻辑	luóji	（名）	logic 有逻辑　没有逻辑
21	传闻	chuánwén	（名）	rumour, talk
22	某	mǒu	（代）	certain, some 某人　某个人　某某人　某些人
23	犹豫	yóuyù	（动）	to hesitate, to be irresolute 犹豫不决　毫不犹豫
24	致富	zhìfù	（动）	to acquire wealth 致富的方法
25	捷径	jiéjìng	（名）	short cut 致富捷径
26	陷入	xiànrù	（动）	to sink into, to fall into 陷入困难
27	痴迷	chīmí	（动）	to be infatuated, to be obsessed 痴迷状态　痴迷于……
28	面值	miànzhí	（名）	par value 彩票的面值　人民币的面值　100 元面值
29	化为乌有	huà wéi wūyǒu		to crumble to dust, to vanish
30	指点	zhǐdiǎn	（动）	to give directions 指点别人　指点一下
31	恍然大悟	huǎngrán dà wù		to be suddenly enlightened
32	概率	gàilǜ	（名）	probability 中奖的概率
33	钟情	zhōngqíng	（动）	to be deeply in love 一见钟情　钟情于艺术
34	泥牛入海	ní niú rù hǎi		like a clay ox entering the sea—gone for good
35	刮	guā	（动）	to scrape, to scratch, to shave 刮彩票　刮开
36	怜悯	liánmǐn	（动）	to pity, to have compassion for 怜悯之心　怜悯别人
37	一无所获	yì wú suǒ huò		to get nothing, to achieve nothing
38	倒霉	dǎo//méi	（形）	to have bad luck, to be out of luck 真倒霉　倒霉的事

39	饥肠辘辘	jī cháng lùlù		to be so hungry that the stomach is beginning to gurgle
40	埋怨	mányuàn	（动）	to complain 埋怨别人　埋怨自己　埋怨他 互相埋怨　总是埋怨 埋怨起来　埋怨了半天 （1）他们一遇到问题就互相埋怨，不愿从自己身上找原因。 （2）你没考好，是因为自己不努力，怎么能埋怨老师呢？
41	嘲讽	cháofěng	（动）	to sneer at 嘲讽别人　受到嘲讽
42	深思熟虑	shēn sī shú lǜ		to turn sth. over in one's mind
43	丢弃	diūqì	（动）	to abandon, to give up 丢弃的彩票
44	墓地	mùdì	（名）	cemetery 一块墓地
45	纸钱	zhǐqián	（名）	paper made to resemble money and burned as an offering to the dead 烧纸钱
46	昏	hūn	（动）	to lose consciousness, to faint 昏过去
47	痛快	tòngkuài	（形）	to one's heart's content, to one's great satisfaction 痛痛快快　非常痛快　痛快极了
*48	否则	fǒuzé	（连）	otherwise
49	赢	yíng	（动）	to win 赢了比赛
50	虔诚	qiánchéng	（形）	devout 很虔诚　虔诚的教徒
51	执著	zhízhuó	（形）	persistent, persevering 执著的人　很执著
52	公平	gōngpíng	（形）	fair, impartial 很公平　不公平　应该公平 公平地对待　公平地竞争 公平的回报　公平的比赛 公平极了　公平得很 （1）你这样做是不公平的，应该公平地对待他们。 （2）这是一场公平的竞争。

53	遗憾	yíhàn	（形）	regretful, regrettable 很遗憾　真遗憾 遗憾的事情　遗憾的感觉　遗憾的心理 遗憾的表情 遗憾地说　遗憾地走了 遗憾得很　遗憾极了 （1）姐姐的婚礼我没有赶上，真是太遗憾了。 （2）他遗憾地说："唉，可惜我没有抓住那次机会。"
54	彩虹	cǎihóng	（名）	rainbow 美丽的彩虹　一道彩虹　天边的彩虹
55	良心	liángxīn	（名）	conscience 有良心　没良心
56	惋惜	wǎnxī	（形）	having pity for, feeling sorry for 很惋惜　表示惋惜
57	支出	zhīchū	（动）	to expend 一笔支出
58	风险金	fēngxiǎnjīn	（名）	risk fee 一笔风险金

课　文

11-2

买彩票

从彩票发售[1]那天起，高音喇叭[2]里那颇[3]具吸引力[4]的噪声[5]就在城市上空响个不停，过街天桥那巨大横幅[6]上的每一个字都令人怦然心动[7]——大奖40万元加一辆"夏利"小轿车。

即使没有那40万元，仅仅中一辆"夏利"小轿车也已经够刺激[8]的了。

想想吧，如果运气[9]突然降临[10]到你头上（那不是不可能啊！），而你只不过是从口袋里掏[11]出了两元，用这两元买了一张小小的彩票，换来的却是几十万元加一辆小轿车啊。若是工薪阶层[12]的，攒[13]一辈子恐怕也只能攒“夏利”的两个轮子罢了。难道还有比买彩票更一本万利[14]、更一劳永逸[15]、更诱人[16]、更快乐的投资[17]吗？

邻家的男孩儿被大人领着去买彩票，一路上愁眉苦脸[18]的。排队的时候，他终于忍不住问：“妈妈，如果我们中了十辆‘夏利’，怎么开回去呢？”其实，购买彩票者[19]的基本思维逻辑[20]，大致与这个孩子不会有多大区别。因为，我们经常从报纸上和传闻[21]中得知某[22]年某月的某一天又有某某人买彩票中了大奖，把“夏利”开回了家……

从彩票发售的第一个年头起，女友就毫不犹豫[23]地步入了这一致富[24]捷径[25]，并很快陷入[26]痴迷[27]状态。最开始，她买了 100 张两元面值[28]的彩票，想试试运气，但那 200 元几乎在一分钟之内就化为乌有[29]了。经过别人指点[30]，她才恍然大悟[31]：必须购买大量的连号票，中奖的概率[32]才会增加。于是，她干脆一下子买了 2000 元。没想到好运并不钟情[33]于她，那 2000 元又如泥牛入海[34]。她有些生气了，一生气，她又花出去 4000 元买了 2000 张彩票：这回我看你中不中！那一天，她站在寒冷的大街上刮[35]那 2000 张彩票，把手指头都刮疼了，然而这些彩票却毫无怜悯[36]之心，最后还是一无所获[37]。真够倒霉[38]的！她饥肠辘辘[39]地回到家里，可在家里等待她的不是安慰而是埋怨[40]和嘲讽[41]……她感到太没面子了。经过一夜的深思熟虑[42]，第二天她又到商场门口排队去了。那天，她又花出去 5000 元买了 2500 张彩票，当被丢弃[43]的 2500 张彩票像墓地[44]的纸钱[45]一样冷冰冰地散落在脚下时，她差点儿昏[46]了过去。

现在的问题是，她为了购买这些彩票，已经花了一万多元，要想把这一万多元痛痛快快[47]地挣回来，只能继续购买彩票，否则[48]这些投资就等于扔进水里了。她想：只要这千百万张两元的彩票中有一个中奖机会，自己就赢[49]了！她绝不相信自己这般虔诚[50]和执著[51]却得不到公平[52]的回报。事实上，她已没有退路，所以她下定决心一定要把买彩票的事业进行到底！

后来的几年中，她每年都用借来的钱去买彩票，但遗憾[53]的是，运气始终没有降临到她的头上，她竟然一次奖也没有中。终于有一天，她发现，自己买彩票的钱已足够买一辆“夏利”了，但那些钱都已变成了天边的彩虹[54]，消失在城市的上空。

我觉得，彩票真是很没有良心[55]的。惋惜[56]和同情中，我忽然记起很久以前听到的一句话：“这世上，不花钱的东西最贵。”当初女友虽是花了钱的，但她希望用最少的钱换最多的钱，却忘了还有一笔支出[57]，那就是风险金[58]。看来，便宜的东西有时也是最贵的。

（选自《小小说选刊》2001 年第 12 期，作者：张抗抗。有删改。）

注　释

夏利：是天津一汽夏利汽车股份有限公司生产的民族轿车品牌，流行于 21 世纪之初，是中国最早进入家庭的主要车型之一，当时售价在 3–5 万元之间，是一种经济型轿车品牌。

语 言 点 例 释

（一）从彩票发售那天起，高音喇叭那颇具吸引力的噪声就在城市上空响个不停。

“从……起”，介词短语，表示时间的起点，是“从……开始”的意思。例如：

（1）从 1986 年起，王丽就再也没回过国。
（2）小明从上小学起，就不用父母接送了。
（3）我们打算从明天起每天早晨去跑步。
（4）我从 18 岁起就离开了父母，开始独立生活。

即时练习

◇用“从……起”回答问题：

1. 你是哪年开始学汉语的？
2. 听说小张和他女朋友是“一见钟情”，是吗？
3. 你从什么时候开始关心彩票中奖信息的？
4. 下周有考试，你打算什么时候开始复习？

（二）即使没有那 40 万元，仅仅中一辆“夏利”小轿车也已经够刺激的了。

“够……的”，固定格式，中间一般插入形容词，表示程度很高，达到了一定的标准。常用于口语。例如：

（1）他已经够难受的了，别再说他了。
（2）你已经够苗条的了，别再减肥了。
（3）今天忙了一天，真够累的了，好好休息一下吧。
（4）孩子在学校学习就够累的，周末还上什么课外班啊？

即时练习

◇用“够……的”改说句子：

1. 今天天气真是太热了，不干活都出汗。
2. 我最近忙得不得了，别再给我增加任务了。
3. 老板对大家已经很好了，你们怎么还不满意呢？
4. 他干活儿已经很卖力了，你怎么还埋怨他呢？

（三）若是工薪阶层的，攒一辈子恐怕也只能攒“夏利”的两个轮子罢了。

“罢了”，助词，用在陈述句末尾，有把事情往小里说的意味。前面常有“不过”“仅仅”“只是”“无非”等词呼应。常用于口语。例如：

（1）我并不想买，只不过是随便看看罢了。
（2）老师仅仅是提醒我们一下罢了，没有别的意思。
（3）我们没干什么，无非是聊聊天罢了。
（4）这么一点儿钱，只够买一瓶水罢了。

即时练习

◇用“罢了”完成句子或对话：

1. A：他是你男朋友吧？

   B：什么男朋友啊！____________________。

2. 妈妈不会真打孩子的，____________________。
3. 我只是____________________，你可千万别当真。
4. 我给你打电话没什么重要的事情，____________________。

（四）经过别人指点，她才恍然大悟……

"经过"，介词。后面常跟一些诸如"讨论、分析、学习、思考、指点、了解、调查"之类的词语，构成介词短语做状语，表示以这种活动为手段，产生了某种结果。例如：

（1）经过讨论，大家一致同意李老师的观点。

（2）经过老师的讲解，我才明白了那个词的意思。

（3）经过认真考虑，我终于决定去中国留学。

（4）经过分析，大家才明白了他们这么做的原因。

即时练习

◇用"经过"完成句子：

1. ________________，他终于认识到了自己的错误。
2. ________________，我们才找到了事故的原因。
3. ________________，我们终于找到了问题的答案。
4. ________________，他再回来时几乎像变了一个人！
5. ________________，警察终于抓到了小偷。

（五）那天，她又花出去 5000 元买了 2500 张彩票。

"……出去"，趋向补语，作为引申用法，用在某些非趋向性动词（比如："卖、花、租、说、讲、宣布、泄露"等）后，表示动作的实现。例如：

（1）这是秘密，任何人都不能说出去。

（2）我的房子上周就已经租出去了。

（3）今天他已经卖出去不少苹果了。

（4）为了治病，他已经花出去 2000 块钱了。

即时练习

◇用"……出去"改说句子：

1. 这个决定还没有最后讨论通过，先不要宣布。
2. 他的作品一点儿也不受欢迎，今天一件也没卖掉。
3. 他现在还不想把谈恋爱的事情告诉别人。
4. 如果你泄露了这个秘密，对谁都没好处。

5. 他上大学花了几万元的学费，可毕业后却找不到工作。

（六）要想把这一万多元痛痛快快地挣回来，只能继续购买彩票，否则这些投资就等于扔进水里了。

“否则”，连词。表示“如果不是这样”。连接小句，用在后一个小句的开头。例如：

（1）我们必须通过毕业考试，否则无法获得毕业证书。
（2）结婚这样的大事总得跟父母说一声，否则他们会伤心的。
（3）这个问题一定要解决，否则我们无法继续下去。
（4）你得提供经济支持，否则他肯定不会同意。
（5）最晚不要超过十一点就应上床睡觉，否则对身体会有影响。

即时练习

◇用“否则”完成句子：

1. 你一定要答应我的要求，________________。
2. 你们最好周末来找我，________________。
3. 到那里去旅行得多穿点儿衣服，________________。
4. 有时间就给父母打个电话，________________。

（七）看来，便宜的东西有时也是最贵的。

“看来”，动词，常用于后一小句句首，表示根据前边的某种情况作出判断或推测。例如：

（1）爷爷病得很重，看来得住院。
（2）安娜到现在还没来，看来今天不打算来了。
（3）天阴得很厉害，看来要下雨了。
（4）马上就要下班了，看来今天的工作又做不完了。

即时练习

◇用“看来”完成句子：

1. 大家在排队买这种东西，________________。
2. 刘小姐今天笑嘻嘻的，________________。

3. 这次考试全班有一半同学不及格，________________________

4. 他一拿到成绩单就哭了，________________________。

课堂练习

（一）根据课文内容判断对错：

（　　）1. 过街天桥的巨大横幅上写着“大奖 40 万元加一辆‘夏利’小轿车”，这上面的每一个字都颇具吸引力。

（　　）2. 用两元钱买一张彩票就可以换来几十万元，这是不可能的。

（　　）3. 女友认为买彩票是一条致富捷径。

（　　）4. 邻家男孩买彩票中了十辆夏利，可不知道怎么开回去，所以愁眉苦脸的。

（　　）5. 女友痴迷于买彩票，是因为她曾经中过大奖

（　　）6. 经过别人指点，女友一下子买了 2000 元连号的彩票。

（　　）7. 女友买彩票一共花了一万多元，可是最后还是没有中奖，所以最后她把这些投资都扔进水里了。

（　　）8. 几年后，她用自己买彩票的钱买了一辆“夏利”。

（二）根据课文内容回答问题，尽量用上提示词语：

1. 发售彩票的时候，彩票发售点是怎么宣传的？有没有吸引力？

（高音喇叭　横幅　怦然心动）

2. 为什么作者认为买彩票比别的投资更一本万利、更诱人？

（降临　只不过　换来　工薪阶层　攒一辈子）

3. 邻家男孩被大人领着去买彩票的时候，为什么一路上愁眉苦脸的？

（如果　十辆　怎么）

4. 女友是怎么迷上买彩票的？讲讲她买彩票的经历，结果如何。

（开始　200 元　化为乌有　恍然大悟　2000 元　泥牛入海　一生气　4000 元　一无所获　深思熟虑　5000 元　纸钱　昏过去）

5. 女友为什么下决心要把买彩票的事业进行到底？

（已经花了　挣回来　除非……　只要……就……　没有退路）

6. 后来的几年，女友还继续买彩票吗？结果怎么样？

（遗憾　始终　她发现　足够　但是　天边的彩虹）

（三）课堂活动：

活动一

本课中用了不少成语，两人一组，先找出这些成语，一人说出成语，另一人用该成语造句，然后进行角色轮换。

活动二

3–5 人一组，根据以下话题进行讨论：

1. 你买过彩票吗？讲一讲你或者你朋友买彩票的经历。
2. 你相信运气吗？你会用什么办法碰运气？
3. 介绍一下你们国家买彩票的情况。
4. 你怎么理解“这世上，不花钱的东西最贵”？这句话适用于哪些方面？请举例说明。

下面的词语可以帮助你表达：

一本万利　一劳永逸　怦然心动　诱人　运气　降临

泥牛入海　化为乌有　一无所获　深思熟虑　恍然大悟

痴迷　愁眉苦脸　投资　致富捷径　钟情　公平　遗憾

扩 展 阅 读

中奖以后

我周围的人，买彩票的不少，碰在一起经常交流买彩票的心得，确定下一步的计划。商品社会，谁不想让自己的收入丰厚一些呢？也有一些人，彩票对他们属于无可无不可，碰上就买一两注，中了就算捡着了，中不上，花几块不痛不痒，算找个乐。

我的同事方方就属于后一种人。那天，她花钱买了几注彩票，待第二天下班后，她去市场买菜，市场边上就有一个彩票发售点，外头挂着一个黑板，黑板上写着中奖的号码。方方买完菜，顺便来到彩票点，看到中奖的号码已经公布出来，就掏出纸笔抄下来，然后回了家。

回到家，方方开始做家务。做完家务后，才想起兜里的中奖号码。于是她拿出彩票和自己抄的号码一对，瞬间，心理和生理都发生了变化，眼睛直了，心跳加速了，血也往头上涌。她买的彩票号码和抄来的号码一个数都不差，“难道我中了大奖了”？又把彩票和中奖的号码对了两遍。这一次，确信无疑，她的彩票号码和人家公布的中奖号码一模一样，千真万确：“我中大奖了，500 万啊！”她再也控制不住自己的情绪，激动得跳了起来。她一个月工资奖金加起来最多不过 2000 元，一年不过两万多，如今，这一下就是500万啊，这是多少人日思夜想、梦寐以求而不可得的事情啊！这可是一个工薪阶层奋斗几辈子才可挣到的啊！今天，这个幸运降临到她的头上了。

方方的精神达到了高度亢奋的状态：中了大奖是无疑的了。但是，这笔奖金怎么来分配呢？应当做一个粗略的计划。首先应当先买一套房。现在自己的住房面积小，一家几代人居住在一起，买一套房应是当务之急。虽然现在的房价正处在高点上，但有了这个大奖，买套房根本不算个事。

房子到手后，为老公买一辆车。现在不少家庭都有车，有了车，不仅出行、家里有事方便，而且车还是一个家庭地位身份的象征。居家过日子，不跑在人前也不能落在人后。

再下一步就是小姑子了。小姑子年纪不小了，很快要出嫁，几年来关系一直处得不错，这次中了大奖，作为嫂子，一定得送她一件拿得出手的礼物。送什么好呢？方方思来想去，现在姑娘出嫁，陪车的不少，就暂定给她一辆车吧。

然后就是自己的孩子了。只可惜，孩子太小，不能为他买大件的礼物，但孩子总会长大，要上学读书，要从小学、初中、高中，一直到大学，如果很有出息，可能还要考研，甚至出国留学。现在的学费这样贵，最好为他备一笔钱。钱是最实在的东西，先把钱存上，孩子长大以后用钱的地方多着呢。

方方分配大奖的思路还没有完全形成，婆婆推门进来，说到做饭的时间了。她控制不住自己激动的心情，赶紧上前告诉婆婆自己中了大奖。婆婆听了这个消息，自然兴奋。但是上了年纪的人毕竟冷静，她要和方方再去一趟买彩票的地方，核对一下是不是真的中了大奖，于是两人直奔彩票发售点。一路上，带着中了大奖的兴奋，方方看看周围，走路的、骑车的、买卖东西的，人人脸上都洋溢着笑容，一切事物都是那么美好。

在彩票发售点，黑板仍挂在那里，上头写着大奖的号码，她们上前问工作人员，人家的回答很肯定，正是这个号码。可就在这时，方方却突然发现，黑板上写的彩票的名称却和自己手里的有区别，人家清楚明白地写着“大乐透”，而自己买的是“双色球”，号码虽然全对，但是彩票的种类不对，虽然只是三个字的不同，结果却是差之千里。也就是说，这个奖自己根本没中。

想想这个事真是有意思，买彩票的人千千万万，但真正能中大奖的人却寥若晨星。世间的事就是这样，充满着戏剧性，如果方方开始抄中奖号码时仔细一点，也就没有以后情感上的这些波澜了。不过，方方虽没中大奖，却实实在在体验了一回中了大奖的感觉，也算是一乐吧。

（一）阅读短文，解释下列句中加点词的意思：

1. 商品社会，谁不想让自己的收入丰厚一些呢？
2. 彩票对他们属于无可无不可……
3. 中了就算捡着了，中不上，花几块不痛不痒，算找个乐。
4. 这是多少人日思夜想、梦寐以求而不可得的事情啊！
5. 方方的精神达到了高度亢奋的状态，中了大奖是无疑的了。
6. 买一套房应是当务之急。
7. 但对于这个大奖，买套房根本不算个事。
8. 送什么好呢？方方思来想去……
9. 虽然只是三个字的不同，结果却是差之千里。
10. 买彩票的人千千万万，但真正能中大奖的人却寥若晨星。

（二）阅读短文判断对错：

（　　）1. 对我的同事方方来说，买彩票是无可无不可的。
（　　）2. 方方买了彩票，第二天特意去彩票发售点看自己的号码是否中奖。
（　　）3. 方方看到自己的号码跟黑板上公布的中奖号码一样，一个数都不差。
（　　）4. 方方是工薪阶层，每个月的工资只有两千块，这一次一下子中了两万多。
（　　）5. 方方认为自己肯定中了大奖，于是开始计划怎么分配这些钱。
（　　）6. 方方忍不住把这个好消息告诉了婆婆。
（　　）7. 方方和婆婆去菜市场的路上，很多人都为她们中了大奖而高兴。
（　　）8. 最后，婆婆发现方方根本没中奖。

（三）理解短文后回答问题：

1. 请用自己的话说出方方发现自己的彩票中了大奖的过程。
2. 最后是怎么发现这次中奖是个误会的？

12 数字迷信

课前提示

1. 你知道中国人一般喜欢什么数字吗？你们国家的人呢？为什么？
2. 你喜欢什么数字？不喜欢什么数字？为什么？

课堂学习

词语 12-1

1	迷信	míxìn	（名）	superstition, blind faith 数字迷信
2	左右	zuǒyòu	（动）	to master, to control, to influence 左右着（我们的）行为　左右着（她的）大脑 被……所左右　左右不了 （1）迷信的心理左右着一些人的思想和行为。 （2）我们不能被广告的宣传所左右。
3	幸运	xìngyùn	（形）	lucky 感到幸运 非常幸运　太幸运了 幸运的人　幸运数字 幸运极了 （1）排了半天队，终于买到了最后一张火车票，我感到非常幸运。 （2）无论在工作上还是在生活上，他都很顺利，真是一个幸运的人。 （3）我认为自己的幸运数字是“六”。
4	吉利	jílì	（形）	auspicious 吉利的话　吉利的数字

5	历来	lìlái	（副）	all along, throughout the ages
6	偏爱	piān'ài	（动）	to favour 偏爱红色
7	谐音	xiéyīn	（动）	to be homophonous, to have the same/similar pronunciation "八"和"发"谐音
8	发财	fā//cái		to get rich, to make a fortune 发大财　发不了财
9	设计	shèjì	（动）	to design 设计大楼
10	开幕式	kāimùshì	（名）	opening ceremony 奥运会开幕式
11	举行	jǔxíng	（动）	to hold (a meeting, contest, etc.) 举行开幕式
12	车牌	chēpái	（名）	license plate 车牌号码
13	门牌	ménpái	（名）	door plate 门牌号码
14	历代	lìdài	（名）	past dynasties 历代皇帝
15	举世闻名	jǔshì wénmíng		world-famous 故宫举世闻名
16	王国	wángguó	（名）	kingdom
17	城门	chéngmén	（名）	city gate
18	门钉	méndīng	（名）	round-headed decoration on the gate (of a palace, temple, etc.)
19	横	héng	（形）	horizontal
20	排	pái	（量）	row, line 前排　第一排　一排门钉
21	竖	shù	（形）	vertical
22	颗	kē	（量）	*a measure word for small and round things* 一颗心　一颗牙齿　一颗门钉
23	台阶	táijiē	（名）	stairs, staircase 上台阶　下台阶
24	级	jí	（量）	step, stage 九级台阶

25	倍	bèi	（量）	times, -fold 几倍　九的倍数
26	房屋	fángwū	（名）	house, building
27	间	jiān	（量）	*a measure word for rooms* 一间房屋
28	建筑	jiànzhù	（动、名）	to build; building 古代建筑
29	基数	jīshù	（名）	base
30	特殊	tèshū	（形）	special, particular 非常特殊　特殊情况　特殊的人
31	象征	xiàngzhēng	（动、名）	to stand for; symbol （动）象征（着）爱情　象征（着）权力 （名）象征（着）文明 爱情的象征　中华民族的象征　文明的象征 （1）玫瑰象征着爱情。（玫瑰是爱情的象征） （2）龙是中华民族的象征。
32	稳固	wěngù	（形）	firm, solid, steady 地位很稳固　稳固的建筑
33	无所不在	wú suǒ bú zài		omnipresent 空气无所不在
34	棋	qí	（名）	chess 下棋
35	墨	mò	（名）	ink 墨汁
36	砚	yàn	（名）	inkstone 砚台
37	民间	mínjiān	（名）	folk, people in general 在民间　民间故事
38	尾数	wěishù	（名）	last number of a multidigital figure 车牌号尾数
39	忌讳	jìhuì	（动）	to be avoided as taboo 忌讳的数字
40	源自	yuánzì	（动）	to come from, to originate in 源自《圣经》
41	受难	shòunàn	（动）	to suffer calamities or disasters 耶稣受难

42	门徒	méntú	（名）	disciple 耶稣的门徒
43	莫	mò	（副）	nothing, no one, none 莫过于
44	灾祸	zāihuò	（名）	disaster 一场灾祸　灾祸降临
45	喜好	xǐhào	（动）	to be fond of 喜好游泳
46	航空	hángkōng	（名）	aviation 航空公司
47	心理学	xīnlǐxué	（名）	psychology 心理学家
48	难以	nányǐ	（动）	to be difficult to 难以回答　难以拒绝　难以控制 难以相信　难以说清楚 （1）这个季节竟然下雪了，简直令人难以相信。 （2）这是个很复杂的问题，一时难以解释清楚。
49	对付	duìfu	（动）	to deal with, to cope with 对付敌人　难以对付
50	幻觉	huànjué	（名）	illusion 产生幻觉　一种幻觉
51	表明	biǎomíng	（动）	to show, to indicate 数字表明　事实表明
52	提供	tígōng	（动）	to provide, to supply 提供帮助
53	感	gǎn	（后缀）	feeling 安全感　畏惧感　幸福感　责任感 （1）迷信在某种程度上给人提供一种安全感，使人战胜畏惧感。 （2）照片上，她的笑容流露出一种幸福感。 （3）结婚以后，小李突然意识到自己身上多了一种对家庭的责任感。
54	战胜	zhànshèng	（动）	to defeat, to triumph over 战胜困难
55	畏惧	wèijù	（动）	to dread, to be afraid of 畏惧困难

56	有益	yǒuyì	（形）	beneficial 对身体有益　有益于健康
57	广泛	guǎngfàn	（形）	wide, extensive, widespread 范围很广泛　广泛了解
58	认同	rèntóng	（动）	to approve, to acknow ledge 认同他的意见
59	普遍	pǔbiàn	（形）	universal, general, common 很普遍　普遍认为
*60	是否	shìfǒu	（副）	whether or not, whether, if
61	疑问	yíwèn	（名）	doubt 毫无疑问
62	统计	tǒngjì	（动）	statistics; to add up, to count 统计数字　统计出来　统计一下
63	事故	shìgù	（名）	accident 发生事故　遇到事故　引起事故　避免事故 交通事故　医疗事故　教学事故 一起事故　严重事故　重大事故 （1）由于下雪，昨天路上发生了好几起重大交通事故。 （2）为了避免火灾事故的发生，大家用火时一定要注意安全。
64	率	lǜ	（后缀）	rate, ratio 事故率　死亡率　离婚率　及格率　吸烟率 （1）近几年，女性的吸烟率在不断上升。 （2）随着医疗卫生事业的发展，本市老年人口的死亡率越来越低。

专有名词

1	上海金茂大厦	Shànghǎi Jīn Mào Dàshà	Shanghai Jin Mao Tower
2	奥运会	Àoyùnhuì	Olympic Games
3	佛教	Fó Jiào	Buddhism
4	基督教	Jīdū Jiào	Christianity
5	圣经	Shèngjīng	Holy Bible
6	耶稣	Yēsū	Jesus

课 文

12-2

数字迷信[1]

在生活中，人们常常有一种迷信的心理，这种心理左右[2]着人们的思想和行为，虽然方式不同，但无论东方文化还是西方文化都存在着这种心理。

比如人们把数字分为两类，一类是幸运[3]数字，另一类是不吉利[4]的数字。中国人历来[5]对数字挺迷信的，搬家、结婚一般都要选个吉利的日子，尤其对“八”特别偏爱[6]。“八”和“发”谐音[7]（广东话），“发”的意思是“发财[8]”，所以，人们在选择数字的时候总觉得多几个“八”似乎更好，例如上海金茂大厦就设计[9]为八十八层；2008 年北京奥运会开幕式[10]定在八月八日晚上八点举行[11]；电话号码、车牌[12]号、门牌[13]号等等最好都有“八”。

在中国，除了“八”以外，“九”也是一个幸运数字。“九”在很多文化传统，特别是在中国的佛教文化中，都是最为吉利的数字。天地间的数字“始于一，终于九”，“九”为最高数，又与“久”谐音，所以历来为人们所喜爱。历代[14]皇帝更爱“九”，举世闻名[15]的故宫简直就是“九”的王国[16]。除了九龙壁以外，故宫内大、小城门[17]上金黄色的门钉[18]，也都是横[19]九排[20]、竖[21]九排，一共九九八十一颗[22]；台阶[23]的级[24]数也是九或九的倍[25]数；故宫内房屋[26]总数为九千九百九十九间[27]；天坛、颐和园等皇帝所到之处，建筑[28]也多以“九”为基数[29]。

在中国，“四”是个比较特殊[30]的数字。“四”象征[31]着“四方”（即“东西南北”四个方向）和“四时”（即“春夏秋冬”四个季节），代表稳固[32]、全面和无所不在[33]。因此，中国传统文化对“四”还是比较偏爱的。比如：“四艺”(即琴、棋[34]、书、画)；“文房四宝”(即笔、墨[35]、纸、砚[36])。但是在民间[37]，许多人却因“四”与“死”谐音而认为“四”是个不吉利的数字。谁会喜欢自己的门牌号码是“1414”呢？甚至有些大楼的电梯都没有四层、十四层、二十四层……如果自家的电话号码、车牌号等等，是以“八”或“九”为尾数[38]的号码，就会非常高兴，相反，尾数是“四”的电话号码或车牌号就不怎么受欢迎。

西方人迷信“十三”，忌讳[39]“十三”，这种说法源自[40]基督教的《圣经》：耶稣在受难[41]之前，跟自己的十二个门徒[42]举行“最后的晚餐”，他们一共是十三个人，那天是星期五，所以西方人认为最倒霉的日子莫[43]过于十三日与星期五恰恰在同一天，这会给人带来灾祸[44]。为了考虑顾客的喜好[45]，有些西方国家的航空[46]公司飞机上甚至没有十三号座位。

人为什么会迷信呢？很多心理学[47]家认为：人的大脑有时难以[48]对付[49]不确定的事情，迷信可以让人产生一种幻觉[50]，以为可以“控制”将来。有研究表明[51]，女性比男性更容易相信迷信。在一般情况下，迷信不仅是无害的，而且在某种程度上可以给人提供[52]一种安全感[53]，帮助人们战胜[54]畏惧[55]感。

然而，这种“迷信有益[56]论”似乎没有得到广泛[57]的认同[58]，因为现实生活和这些迷信是没有关系的。中国人普遍[59]迷信数字“八”，是否[60]都因此而“发财”了呢？毫无疑问[61]，大部分中国人并没有也不可能因信“八”而都“发财”。有统计[62]数字表明，在“十三日”的星期五，航空事故[63]率[64]和其他的三百六十多天是一样的。

（选自《数字迷信及真实》，作者：泽熙。有删改。）

注　释

1. 九龙壁：九龙壁是影壁的一种。即建筑物大门外正对大门作为屏障的墙壁，北京故宫九龙壁、大同九龙壁和北京北海九龙壁合称“中国三大九龙壁”。整座影壁的设计，将“九龙”分置于5个空壁，中间一条坐龙，两侧各四条行龙。

2. 最后的晚餐：“最后的晚餐”是《圣经》记录耶稣基督的几个重大事件之一。“最后的晚餐”描述了两千年前耶稣基督被捕和在罗马十字架上受难之前，同他的门徒一起吃的最后一顿饭。

语言点例释

（一）中国人历来对数字挺迷信的……

“历来”，副词，表示从过去到现在一直如此。常用于书面语。用法基本上同“向来、从来”，但多用于肯定句（否定句多用“从来”）。例如：

（1）在中国的北方，春节时历来有吃饺子的习惯。

（2）“龙”历来是皇权的象征，因此，历代皇帝喜欢穿九龙袍、造九龙壁。

（3）每逢考试来临，图书馆自习室几乎找不到空座位，历来如此。

（4）我们历来提倡节约，反对浪费。

即时练习

◇ 用“历来”回答问题：

1. 中国最重要的传统节日是哪个？

2. 你们国家的政府重视环境保护问题吗？

3. 春节期间火车票好买吗？为什么？

4. 哪些中国菜比较受外国人的欢迎？

（二）中国人历来对数字挺迷信的……

“挺”，副词，表示程度相当高，常用于口语。“挺”所修饰的形容词、动词后边常带“的”。例如：

（1）今天天气挺热的，咱们就别出去了。

（2）我对这里的生活挺满意，您放心吧。

（3）你说的那个地方，我也挺想去的。

（4）我挺喜欢这颜色的，你怎么说不好看呢？

（5）听了这个故事，我们大家都挺感动的。

即时练习

◇用下列短语造句：

1. 挺远的

2. 挺不好意思的

3. 挺难受的

4. 挺害怕的

5. 挺担心的

（三）“九”为最高数，又与“久”谐音，所以历来为人们所喜爱。

“为”，介词，相当于“被”，可与“所”构成“为……所……”的句式，表示被动。常用于书面语。一般“为”的后边是名词或名词性短语，“所”的后边是动词。例如：

（1）看问题要看本质，不要为表面现象所迷惑。
（2）这些明星历来为年轻人所喜爱。
（3）这一论点已为无数事实所证明。
（4）大家都为这美丽的风景所吸引。

即时练习

◇把下列句子改为“为……所……”句式：

1. 这个故事感动了我们大家。

2. 大家最近很关注这个新闻。

3. 现在，人们开始重视环境保护的问题了。

4. 希望人们早日了解这种科学的道理。

（四）如果自家的电话号码、车牌号等等，是以“八”或“九”为尾数的号码，就会非常高兴，相反，尾数是“四”的电话号码或车牌号就不怎么受欢迎。

“相反”，在这里做插入语，用在下文句首或句中，表示跟上文所说的意思相矛盾。用在两个句子之间起转折作用，表示后边的说法与前边的正好相反，有时也可以用“相反地”。例如：

（1）学外语专业的女生比较多，相反，学物理专业的男生比较多。
（2）她不但没有被困难吓倒，相反却越来越坚强了。
（3）拿到成绩单后，成绩好的同学非常高兴，相反地，没有通过考试的同学却伤心极了。
（4）我说出自己的想法后，以为爸爸不会同意，相反地，他却非常支持我。

即时练习

◇用“相反（地）”结合括号中的提示词完成句子：

1. 老年人一般喜欢早睡早起，________________。（年轻人）

2. 我爸爸比较喜欢听古典音乐，________________。（我妈妈）

3. 听了我的话，他不仅没有生气，________________。（高兴）

4. 他吃了这种药不但没有好起来，________________。（厉害）

（五）最倒霉的日子莫过于“十三日”又遇上星期五……

“最……莫过于……”，表示事物的最高级。常用于书面语，相当于口语中的“没有（什么）比……更……了”。例如：

（1）人生中最大的幸福莫过于你爱的人同时也爱着你。

（2）此次中国之行最大的收获莫过于登上了盼望已久的万里长城。

（3）春节晚会上最吸引人的节目莫过于小品了。

（4）婚礼上最幸福的人莫过于新郎新娘。

即时练习

◇用上“最……莫过于……”回答问题：

1. 你觉得最幸福的事情是什么？

2. 对学生来说，最重要的事情是什么？

3. 你认为夫妻之间最重要的是什么？

4. 你什么时候最开心？

（六）许多人却因“四”与“死”谐音而认为“四”是个不吉利的数字。

“而”，作为连词，与介词“因”“因为”构成“因……而……”“因为……而……”的格式。“因”“因为”后面表示原因，可以是词或者短语，“而”后面表示由此引起的结果。例如：

（1）小张因生病而无法参加考试。

（2）他因为怕感冒而不停地喝水。

（3）运动会因天气不好而推迟举行。

（4）她因为跟老板生气而离开了这家公司。

即时练习

◇用“因（为）……而……”改说句子：

1. 小王综合课考试不及格，所以不能升入三年级。

2. 他的腿做手术了，因此没有参加这次比赛。

3. 奶奶害怕阳光，所以整天挂着窗帘。

4. 他很喜欢中国文化，所以开始学习汉语。

（七）中国人普遍迷信数字“八”，是否都因此而“发财”了呢？

“是否”，副词，相当于“是不是”，常用于书面。有两种用法：

A. 用于问句。“是否”一般在动词前，有时也可以在主语前，句末可以带“呢”。

（1）是否你也相信迷信呢？

（2）吃了这些药，他的身体是否好些了？

B. 用在主语小句或宾语小句中，全句不是问句。例如：

（3）我不知道他是否同意我们的意见。

（4）这个意见是否正确，还需要大家进一步讨论。

即时练习

◇用“是否”改说句子：

1. 他们都通过考试了吗？

2. 你是不是完全听懂了她的解释呢？

3. 我不知道他是不是已经找到工作了。

4. 小李能不能来，我还不清楚。

5. 我不知道他想不想跟我们一起去。

课堂练习

（一）根据课文内容回答问题：

1. 中国人为什么喜欢“八”？请举例说明。

2. “九”是个什么样的数字？请举例说明故宫是“九”的“王国”。
3. 请解释“天地间的数字‘始于一，终于九’”的意思。
4. 为什么说“四”既是中国传统文化偏爱的数字又是民间忌讳的一个数字？
5. 请解释“四方”“四时”“四艺”“文房四宝”各是什么意思。
6. 西方人忌讳哪个数字？为什么？
7. 人们为什么会迷信呢？
8. 迷信是否有害？谈谈你的看法。

（二）根据课文内容，在空白处填上合适的词语：

无论是东方人________西方人，在他们的日常生活中对数字都有一种________的心理，这种心理________着他们的行为。在中国，人们认为________和________都是幸运数字。在民间，人们因为“四”与“死”________，而认为“四”是个不______的数字。西方人忌讳的数字是________，他们认为最________的日子________13 号又遇上________。因此，为了考虑顾客的________，某些西方航空公司的飞机上没有 13 号________。

（三）课堂活动：

活动一

网上流行数字谐音，比如 520 是“我爱你”的意思；1314 是“一生一世”的意思；184 是“一辈子”的意思；等等。3–5 人一组，猜猜下面的数字谐音大概是什么意思，看谁猜得又快又准。

5201314　　02825　　20184　　25184　　518420

活动二

3–5 人一组，根据下列话题进行讨论，同时记录下来，向大家汇报：
1. 除了以上这些数字谐音，你还知道哪些数字的谐音？这些数字代表什么意思？
2. 你自己有没有偏爱的数字或忌讳的数字？为什么？
3. 在你的国家有什么数字方面的迷信？请给大家介绍一下。
4. 你觉得除了数字迷信，还有哪些方面的迷信？
5. 谈谈你对迷信的看法。

下面的词语和句式可以帮助你表达：

幸运　吉利　左右着　偏爱　谐音　象征　忌讳　喜好

心理学　难以　对付　提供　安全感　统计　事故

挺……的　为……所……　最……莫过于……　是否

扩展阅读

“九”的文化含义

在中国，人们把九看做“天数”，因为九是龙形或蛇形的图腾化文字。所以古代帝王为了表示自己神圣的权力为天赐神赋，便竭力把自己同“九”联系在一起。如：天分九层，九重天是天的最高处，由此演化出神圣之意。在建筑上也是这种用法：北京城有九门，天安门面阔九间。

在民间对“九”也很偏爱，这表现在凡事用“九”做计量单位，“数九”便是一例，从冬至起每九天是一个“九”，从一“九”数起，二“九”、三“九”，一直数到九“九”为止。人们常说的“冬练三九，夏练三伏”中的“三九”指的是冬天最冷的时候。民间流传的“九九歌”巧妙地利用自然界的一些生态现象和天气征兆，反映冬季九九八十一天中的气候变化规律，概括出冬季的天气变化情况等。

“九”除了具有其他数词表示事物的数量和顺序以外，还常表示“多”的意思。古人认为“九”是最高数，超过“九”，就要进一位，又回到“一”了。因此，自古至今，常用“九”表示“多”。例如：“九曲黄河”并不是说黄河有九道弯，而是有很多弯；“九死一生”中的“九”并不是死九次，而是历经多种磨难；“九牛一毛”中的“九”也不是说有九头牛，而是表示数量多。

“九”表示多，“九”的倍数也常表示多。例如：“十八般武艺”“女大十八变”“十八层地狱”“三十六计”“七十二行”“七十二变”“九九八十一难”“三百六十行”“一个跟头十万八千里”中的数词都是“九”的倍数，也都表示“多”。

附：九九歌

“九九歌”是利用人们对寒冷的感觉以及因天气气温的变化而导致动植物的变化的现象（如柳树发芽、桃树开花、大雁飞来等，均与当时气温有关，而这些与几月几日并无必然关系）来反映天气的冷暖。

九九歌

一九二九，不出手；
三九四九，冰上走；
五九六九，沿河看柳；
七九河开，八九雁来；
九九加一九，耕牛遍地走。

“九九歌”听起来通俗押韵，读起来朗朗上口，便于记忆。

（一）根据短文内容，在 A、B、C 中选择正确的答案：

1.“这表现在凡事用“九”做计量单位”，这句话中，“凡事”的意思是：(　　)

A. 平凡的事

B. 所有的事

C. 凡人的事

2.“冬练三九，夏练三伏”这句话中“三九”的意思是：(　　)

A. 一共三个九天（即 27 天）

B. 三天加九天（即 12 天）

C. 冬至后的第三个九天（即冬天最冷的时候）

3.“女大十八变”的意思是：(　　)

A. 女孩儿在成长发育中性格、相貌会有很多变化

B. 女孩儿在成长发育中性格、相貌会有 18 种变化

C. 女孩儿到了 18 岁性格、相貌会发生变化

（二）理解短文后回答问题：

1. 请举例说明哪些词或短语中“九”表示“多”的意思。

2. 请解释“九九歌”中每句话的大概意思。

词语总表

A

哎呀	āiyā	（叹）	1
爱称	àichēng	（名）	8
安稳	ānwěn	（形）	5
安心	ānxīn	（形）	5
暗喜	ànxǐ	（动）	7
奥秘	àomì	（名）	10

B

巴掌	bāzhang	（名）	6
把握	bǎwò	（名）	2
百科全书	bǎikēquánshū	（名）	6
伴随	bànsuí	（动）	9
包含	bāohán	（动）	5
宝贵	bǎoguì	（形）	5
保姆	bǎomǔ	（名）	3
保养	bǎoyǎng	（动）	8
抱怨	bàoyuàn	（动）	8
悲观	bēiguān	（形）	9
背	bèi	（动）	10
倍	bèi	（量）	12
本身	běnshēn	（代）	7
逼	bī	（动）	1
比画	bǐhua	（动）	4
彼此	bǐcǐ	（代）	7
必要	bìyào	（形）	8
陛下	bìxià	（名）	3
变故	biàngù	（名）	9
表明	biǎomíng	（动）	12
裱	biǎo	（动）	2
憋	biē	（动）	4
拨	bō	（动）	2
不耐烦	bú nàifán		6
不得不	bù dé bù		10
不解	bùjiě	（动）	2
不禁	bùjīn	（副）	5
不景气	bù jǐngqì		9
不堪	bùkān	（形）	9
不伦不类	bùlún búlèi		8
不已	bùyǐ	（动）	1
步调	bùdiào	（名）	5

C

采访	cǎifǎng	（动）	9
采取	cǎiqǔ	（动）	6
彩虹	cǎihóng	（名）	11
彩票	cǎipiào	（名）	7
残疾	cánjí	（名）	4
层出不穷	céng chū bù qióng		8
差异	chāyì	（名）	7
插嘴	chā//zuǐ	（动）	9
察觉	chájué	（动）	4
诧异	chàyì	（形）	2
长叹	chángtàn	（动）	1
厂家	chǎngjiā	（名）	2
场面	chǎngmiàn	（名）	7
嘲讽	cháofěng	（动）	11
车流	chē liú		3
车牌	chēpái	（名）	12
沉淀	chéndiàn	（动）	5

称呼	chēnghu	（动、名）	8
称谓	chēngwèi	（名）	8
成活	chénghuó	（动）	10
城门	chéngmén	（名）	12
吃惊	chī//jīng	（动）	3
痴迷	chīmí	（动）	11
充斥	chōngchì	（动）	5
充满	chōngmǎn	（动）	6
充足	chōngzú	（形）	10
重新	chóngxīn	（副）	5
崇拜	chóngbài	（动）	7
宠辱不惊	chǒng rǔ bù jīng		5
冲	chòng	（介）	3
愁眉苦脸	chóu méi kǔ liǎn		11
出差	chū//chāi	（动）	3
处于	chǔyú	（动）	6
传递	chuándì	（动）	5
传闻	chuánwén	（名）	11
吹牛	chuī//niú	（动）	7
此刻	cǐkè	（名）	4
刺激	cìjī	（形）	11
匆匆	cōngcōng	（形）	5
从容	cóngróng	（形）	5
从未	cóng wèi		6
挫折	cuòzhé	（名）	9

D

打	dǎ	（介）	6
打断	dǎduàn	（动）	9
大不了	dàbuliǎo	（形）	1
大致	dàzhì	（形、副）	8
淡	dàn	（形）	3
当面	dāng//miàn	（副）	1
挡箭牌	dǎngjiànpái	（名）	1
当真	dàngzhēn	（动）	6
倒霉	dǎo//méi	（形）	11
得意	déyì	（形）	1
得知	dézhī	（动）	4
地步	dìbù	（名）	6
地位	dìwèi	（名）	8
电子邮件	diànzǐyóujiàn	（名）	4
电子邮箱	diànzǐyóuxiāng	（名）	4
叮嘱	dīngzhǔ	（动）	5
盯	dīng	（动）	6
顶风冒雨	dǐng fēng mào yǔ		3
顶天立地	dǐng tiān lì dì		10
顶嘴	dǐng//zuǐ	（动）	6
定期	dìngqī	（形）	4
丢弃	diūqì	（动）	11
咚咚	dōngdōng	（象声）	1
动弹	dòngtan	（动）	9
动员	dòngyuán	（动）	4
对付	duìfu	（动）	12
对劲	duìjìn	（形）	1
对面	duìmiàn	（名）	1
顿时	dùnshí	（副）	4
惰性	duòxìng	（名）	10

E

恶劣	èliè	（形）	6
恶言恶语	è yán è yǔ		6
二话不说	èr huà bù shuō		6

F

发财	fā//cái	（动）	12
发呆	fā//dāi	（动）	5
发火	fā//huǒ	（动）	8
发售	fāshòu	（动）	11
发泄	fāxiè	（动）	6
罚款	fá//kuǎn	（动）	1
凡事	fánshì	（名）	4

烦恼	fánnǎo	（形）	1
烦躁	fánzào	（形）	6
反思	fǎnsī	（动）	5
反正	fǎnzhèng	（副）	8
方向盘	fāngxiàngpán	（名）	9
房屋	fángwū	（名）	12
仿佛	fǎngfú	（副）	3
飞沙走石	fēi shā zǒu shí		10
肥料	féiliào	（名）	10
分享	fēnxiǎng	（动）	3
纷纷	fēnfēn	（副）	10
奋力	fènlì	（副）	10
风险金	fēngxiǎnjīn	（名）	11
风雨	fēngyǔ	（名）	10
否则	fǒuzé	（连）	11
夫人	fūren	（名）	8
付出	fùchū	（动）	3

G

改革	gǎigé	（动）	8
概率	gàilǜ	（名）	11
尴尬	gāngà	（形）	8
感	gǎn	（后缀）	12
感恩	gǎn//ēn	（动）	4
感慨	gǎnkǎi	（动）	3
感受	gǎnshòu	（名、动）	3
感叹	gǎntàn	（动）	1
高峰	gāofēng	（名）	9
高速	gāosù	（形）	5
根深叶茂	gēn shēn yè mào		10
更年期	gēngniánqī	（名）	6
工薪阶层	gōngxīn jiēcéng		11
公平	gōngpíng	（形）	11
供	gōng	（动）	10
恭候	gōnghòu	（动）	2
沟通	gōutōng	（动）	4
骨折	gǔzhé	（动）	6
刮	guā	（动）	11
挂号	guà//hào	（动）	1
观察	guānchá	（动）	2
广泛	guǎngfàn	（形）	12
归	guī	（动）	7

H

孩子气	háiziqì	（形）	6
海外	hǎiwài	（名）	2
航空	hángkōng	（名）	12
好	hǎo	（副）	6
好心好意	hǎoxīn hǎoyì		2
好奇	hàoqí	（形）	2
合	hé	（动）	6
合作	hézuò	（动）	2
何况	hékuàng	（连）	9
荷尔蒙	hé'ěrméng	（名）	6
嘿嘿	hēihēi	（象声）	7
恨不得	hènbude	（动）	10
哼	hēng	（动）	1
横	héng	（形）	12
横幅	héngfú	（名）	11
后辈	hòubèi	（名）	6
后视镜	hòushìjìng	（名）	9
胡杨	húyáng	（名）	10
糊涂	hútu	（形）	10
糊弄	hùnong	（动）	7
哗哗	huāhuā	（象声）	1
化为乌有	huà wéi wūyǒu		11
话题	huàtí	（名）	9
话匣子	huàxiázi	（名）	9
话音刚落	huàyīn gāng luò		4
槐	huái	（名）	3

欢呼	huānhū	（动）	3
幻觉	huànjué	（名）	12
荒漠	huāngmò	（名）	10
慌张	huāngzhāng	（形）	7
恍然大悟	huǎngrán dà wù		11
回报	huíbào	（动）	4
回请	huíqǐng	（动）	2
毁	huǐ	（动）	10
昏	hūn	（动）	11
婚姻	hūnyīn	（名）	1
火花	huǒhuā	（名）	1
伙伴	huǒbàn	（名）	2

J

饥肠辘辘	jī cháng lùlù		11
机器人	jīqìrén	（名）	3
积极	jījí	（形）	4
基数	jīshù	（名）	12
激烈	jīliè	（形）	4
吉利	jílì	（形）	12
级	jí	（量）	12
计较	jìjiào	（动）	6
忌讳	jìhuì	（动）	12
寂静	jìjìng	（形）	7
寂寞	jìmò	（形）	7
家伙	jiāhuo	（名）	7
假如	jiǎrú	（连）	8
假期	jiàqī	（名）	3
坚决	jiānjué	（形）	4
间	jiān	（量）	12
剪刀	jiǎndāo	（名）	7
建筑	jiànzhù	（动、名）	12
健全	jiànquán	（形）	4
讲究	jiǎngjiu	（名、动）	8
降临	jiànglín	（动）	11
交往	jiāowǎng	（动）	8
郊区	jiāoqū	（名）	9
浇	jiāo	（动）	10
浇灌	jiāoguàn	（动）	10
焦虑	jiāolǜ	（形）	6
教书	jiāo//shū	（动）	2
角度	jiǎodù	（名）	9
脚步	jiǎobù	（名）	5
教堂	jiàotáng	（名）	4
节奏	jiézòu	（名）	5
洁白	jiébái	（形）	3
结账	jié//zhàng		2
捷径	jiéjìng	（名）	11
届时	jièshí	（副）	2
借口	jièkǒu	（动、名）	1
津津有味	jīnjīn yǒu wèi		3
尽情	jìnqíng	（副）	5
近视	jìnshì	（形）	3
进出口	jìn chū kǒu		4
进一步	jìnyíbù	（副）	2
经得起	jīng de qǐ		10
经典	jīngdiǎn	（名）	5
惊喜	jīngxǐ	（名）	4
惊讶	jīngyà	（形）	10
敬爱	jìng'ài	（动）	3
静悄悄	jìngqiāoqiāo	（形）	7
迥然不同	jiǒngrán bùtóng		9
久违	jiǔwéi	（动）	5
居然	jūrán	（副）	2
举世闻名	jǔshì wén míng		12
举行	jǔxíng	（动）	12
拒绝	jùjué	（动）	6
聚	jù	（动）	5

K

开放	kāifàng	（动）	8
开口	kāi//kǒu	（动）	7
开朗	kāilǎng	（形）	9
开幕式	kāimùshì	（名）	12
开心	kāixīn	（形）	1
康乃馨	kāngnǎixīn	（名）	3
抗议	kàngyì	（动）	6
颗	kē	（量）	12
可见	kějiàn	（连）	8
可靠	kěkào	（形）	2
刻意	kèyì	（副）	1
控制	kòngzhì	（动）	6
口哨	kǒushào	（名）	9
苦恼	kǔnǎo	（形）	4
酷	kù	（形）	2
快餐	kuàicān	（名）	5
快递	kuàidì	（名）	5
快速	kuàisù	（形）	5
宽敞	kuānchang	（形）	9
宽容	kuānróng	（动）	9
狂风	kuángfēng	（名）	10
况且	kuàngqiě	（连）	8
愧疚	kuìjiù	（形）	6
困扰	kùnrǎo	（动）	6

L

喇叭	lǎba	（名）	11
懒惰	lǎnduò	（形）	5
狼藉	lángjí	（形）	10
狼吞虎咽	láng tūn hǔ yàn		5
唠叨	láodao	（形）	6
老大不小	lǎo dà bù xiǎo		1
老婆	lǎopo	（名）	1
老天爷	lǎotiānyé	（名）	10
老爷	lǎoye	（名）	8
乐观	lèguān	（形）	4
乐趣	lèqù	（名）	3
乐于助人	lèyú zhù rén		4
雷打不动	léi dǎ bú dòng		10
冷静	lěngjìng	（形）	7
愣	lèng	（动）	1
礼品	lǐpǐn	（名）	4
理睬	lǐcǎi	（动）	10
理想	lǐxiǎng	（形）	9
历代	lìdài	（名）	12
历来	lìlái	（副）	12
怜悯	liánmǐn	（动）	11
恋人	liànrén	（名）	1
良心	liángxīn	（名）	11
谅解	liàngjiě	（动）	6
烈日炎炎	liè rì yányán		10
灵魂	línghún	（名）	7
凌晨	língchén	（名）	3
铃声	língshēng	（名）	9
令	lìng	（动）	6
聋哑	lóng yǎ		4
路口	lùkǒu	（名）	7
露	lù	（动）	2
旅居	lǚjū	（动）	2
率	lǜ	（后缀）	12
轮椅	lúnyǐ	（名）	1
论调	lùndiào	（名）	6
逻辑	luóji	（名）	11

M

马马虎虎	mǎmǎhūhū	（形）	7
卖力	màilì	（形）	2
埋怨	mányuàn	（动）	11
蛮横	mánhèng	（形）	6

忙碌	mánglù	（形）	3
盲目	mángmù	（形）	7
茫茫	mángmáng	（形）	1
矛盾	máodùn	（形）	4
冒昧	màomèi	（形）	8
玫瑰	méigui	（名）	4
门	mén	（量）	8
门钉	méndīng	（名）	12
门牌	ménpái	（名）	12
门徒	méntú	（名）	12
闷	mēn	（形）	9
迷糊	míhu	（形）	7
迷失	míshī	（动）	5
迷信	míxìn	（名）	12
面值	miànzhí	（名）	11
苗	miáo	（名）	10
民间	mínjiān	（名）	12
名片	míngpiàn	（名）	9
命	mìng	（名）	1
命中注定	mìng zhōng zhùdìng		1
模仿	mófǎng	（动）	7
陌生	mòshēng	（形）	1
莫	mò	（副）	12
墨	mò	（名）	12
默契	mòqì	（形）	8
某	mǒu	（代）	11
墓地	mùdì	（名）	11

N

男男女女	nánnán nǚnǚ		1
男子汉	nánzǐhàn	（名）	3
难得	nándé	（形）	9
难以	nányǐ	（动）	12
内心	nèixīn	（名）	7
泥牛入海	ní niú rù hǎi		11
泥土	nítǔ	（名）	10
昵称	nìchēng	（名）	8
年纪	niánjì	（名）	8
宁可	nìngkě	（副）	2
扭头	niǔ//tóu	（动）	6
怒冲冲	nùchōngchōng	（形）	7
女王	nǚwáng	（名）	3

O

哦	ò	（叹）	1
偶尔	ǒu'ěr	（副）	5
偶然	ǒurán	（形）	8

P

啪	pā	（象声）	1
排	pái	（量）	12
盘	pán	（动）	10
怦然心动	pēngrán xīndòng		11
捧	pěng	（动）	4
脾气	píqi	（名）	4
譬如	pìrú	（动）	2
偏爱	piān'ài	（动）	12
偏偏	piānpiān	（副）	2
瓢	piáo	（名）	10
拼命	pīnmìng	（副）	7
平衡	pínghéng	（形）	5
屏幕	píngmù	（名）	6
颇	pō	（副）	11
扑鼻	pūbí	（动）	3
铺	pū	（动）	2
普遍	pǔbiàn	（形）	12

Q

其实	qíshí	（副）	5
棋	qí	（名）	12
企业	qǐyè	（名）	9
启示	qǐshì	（名）	2

起身	qǐ//shēn	（动）	2
气呼呼	qìhūhū	（形）	7
恰恰	qiàqià	（副）	7
千里眼	qiānlǐyǎn	（名）	3
牵	qiān	（动）	3
前辈	qiánbèi	（名）	6
虔诚	qiánchéng	（形）	11
抢	qiǎng	（动）	7
悄悄	qiāoqiāo	（副）	1
亲密	qīnmì	（形）	8
亲疏	qīnshū	（名）	8
亲眼	qīnyǎn	（副）	4
勤	qín	（形）	10
青春期	qīngchūnqī	（名）	6
轻快	qīngkuài	（形）	9
情节	qíngjié	（名）	7
情侣	qínglǚ	（名）	9
情绪	qíngxù	（名）	6
情谊	qíngyì	（名）	8
请教	qǐngjiào	（动）	10
求救	qiújiù	（动）	7
权力	quánlì	（名）	8
劝阻	quànzǔ	（动）	6

R

热心	rèxīn	（形）	1
人海	rénhǎi	（名）	1
人生	rénshēng	（名）	3
忍受	rěnshòu	（动）	6
认同	rèntóng	（动）	12
融洽	róngqià	（形）	8
柔和	róuhé	（形）	3
若	ruò	（连）	7
若有所思	ruò yǒu suǒ sī		3

S

塞	sāi	（动）	1
伤害	shānghài	（动）	8
上空	shàngkōng	（名）	7
上网	shàng//wǎng	（动）	5
上涨	shàngzhǎng	（动）	9
少妇	shàofù	（名）	8
少爷	shàoye	（名）	8
设计	shèjì	（动）	12
身不由己	shēn bù yóu jǐ		3
深思熟虑	shēn sī shú lǜ		11
神经	shénjīng	（名）	6
生理	shēnglǐ	（名）	6
盛开	shèngkāi	（动）	3
失传	shīchuán	（动）	5
失礼	shīlǐ	（动）	2
失眠	shīmián	（动）	6
师傅	shīfu	（名）	8
施肥	shī//féi		10
湿润	shīrùn	（形）	3
世上	shìshàng	（名）	3
事故	shìgù	（名）	12
事先	shìxiān	（名）	2
视线	shìxiàn	（名）	4
是否	shìfǒu	（副）	12
收获	shōuhuò	（名）	3
收入	shōurù	（名）	9
手语	shǒuyǔ	（名）	4
手足	shǒuzú	（名）	8
手足无措	shǒu zú wú cuò		2
守时	shǒu shí		2
受不了	shòu bu liǎo		2
受难	shòunàn	（动）	12
书籍	shūjí	（名）	7

舒适	shūshì	（形）	10
输血	shū//xiě	（动）	3
熟练	shúliàn	（形）	4
束	shù	（量）	4
树干	shùgàn	（名）	10
竖	shù	（形）	12
水分	shuǐfèn	（名）	10
顺耳	shùn'ěr	（形）	8
顺路	shùnlù	（副）	3
顺手	shùnshǒu	（形）	10
顺心	shùnxīn	（形）	9
说服	shuōfú	（动）	4
说客	shuōkè	（名）	4
思维	sīwéi	（动）	7
耸肩	sǒng//jiān	（动）	6
速成	sùchéng	（动）	5
随风而去	suí fēng ér qù		5
随即	suíjí	（副）	6
随口	suíkǒu	（副）	9
随时	suíshí	（副）	2
随意	suíyì	（形）	6
随之而来	suí zhī ér lái		4

T

台阶	táijiē	（名）	12
忐忑	tǎntè	（形）	4
叹气	tàn//qì	（动）	3
堂	táng	（量）	2
掏	tāo	（动）	11
特定	tèdìng	（形）	8
特色	tèsè	（名）	7
特殊	tèshū	（形）	12
提倡	tíchàng	（动）	5
提供	tígōng	（动）	12
提醒	tí//xǐng	（动）	5
体贴	tǐtiē	（动）	4
天空	tiānkōng	（名）	1
天使	tiānshǐ	（名）	1
甜蜜	tiánmì	（形）	3
挑	tiāo	（动）	10
庭	tíng	（名）	5
停顿	tíngdùn	（动）	9
通通	tōngtōng	（副）	3
同情	tóngqíng	（动）	3
同志	tóngzhì	（名）	8
统计	tǒngjì	（动）	12
桶	tǒng	（名）	10
痛快	tòngkuai	（形）	11
投资	tóuzī	（动）	11
团团转	tuántuán zhuàn		1
托	tuō	（动）	1
拖	tuō	（动）	2
妥	tuǒ	（形）	8

W

外表	wàibiǎo	（名）	7
外籍	wàijí	（名）	1
外套	wàitào	（名）	7
晚婚	wǎnhūn	（动）	8
惋惜	wǎnxī	（形）	11
王国	wángguó	（名）	12
微微	wēiwēi	（副）	10
围城	wéichéng	（名）	7
唯一	wéiyī	（形）	2
尾数	wěishù	（名）	12
未婚	wèi hūn		8
畏惧	wèijù	（动）	12
温床	wēnchuáng	（名）	10
闻名	wénmíng	（动）	2
稳定	wěndìng	（形）	6

稳固	wěngù	（形）	12
无礼	wúlǐ	（形）	6
无穷无尽	wúqióng wújìn		3
无所不在	wú suǒ bú zài		12
午觉	wǔjiào	（名）	5
误会	wùhuì	（名）	4

X

夕阳	xīyáng	（名）	9
西化	xīhuà	（动）	8
吸收	xīshōu	（动）	5
吸吮	xīshǔn	（动）	3
吸引	xīyǐn	（动）	4
吸引力	xīyǐnlì	（名）	11
嘻嘻哈哈	xīxīhāhā	（形）	7
喜爱	xǐ'ài	（动）	7
喜好	xǐhào	（动）	12
喜极而泣	xǐ jí ér qì		4
细嚼慢咽	xì jiáo màn yàn		5
显然	xiǎnrán	（形）	9
陷入	xiànrù	（动）	11
羡慕	xiànmù	（动）	3
相处	xiāngchǔ	（动）	5
相当	xiāngdāng	（副）	8
相会	xiānghuì	（动）	1
相亲	xiāng//qīn	（动）	1
相识	xiāngshí	（动）	1
相遇	xiāngyù	（动）	1
享受	xiǎngshòu	（动、名）	5
想象	xiǎngxiàng	（动、名）	7
向来	xiànglái	（副）	6
象征	xiàngzhēng	（动、名）	12
消费	xiāofèi	（动）	5
消化	xiāohuà	（动）	5
消极	xiāojí	（形）	5
小姐	xiǎojie	（名）	8
小区	xiǎoqū	（名）	1
笑容可掬	xiàoróng kě jū		9
谐音	xiéyīn	（动）	12
心动	xīndòng	（动）	1
心烦意乱	xīnfán yìluàn		9
心急如焚	xīn jí rú fén		2
心理	xīnlǐ	（名）	6
心理学	xīnlǐxué	（名）	12
心态	xīntài	（名）	5
心意	xīnyì	（名）	6
心脏病	xīnzàngbìng	（名）	6
辛勤	xīnqín	（形）	10
欣赏	xīnshǎng	（动）	9
型	xíng	（后缀）	5
姓氏	xìngshi	（名）	8
幸运	xìngyùn	（形）	12
凶	xiōng	（形）	6
宣布	xuānbù	（动）	3
学问	xuéwen	（名）	8
血型	xuèxíng	（名）	3
寻觅	xúnmì	（动）	1

Y

延长	yáncháng	（动）	2
严肃	yánsù	（形）	6
眼袋	yǎndài	（名）	3
眼神	yǎnshén	（名）	3
眼下	yǎnxià	（名）	8
演讲	yǎnjiǎng	（动）	2
砚	yàn	（名）	12
验	yàn	（动）	3
阳台	yángtái	（名）	1
摇摆	yáobǎi	（动）	7
野外	yěwài	（名）	5

夜猫子	yèmāozi	（名）	2
夜宵	yèxiāo	（名）	2
一刹那	yíchànà	（名）	1
一律	yílǜ	（副）	8
一向	yíxiàng	（副）	4
一本万利	yì běn wàn lì		11
一帆风顺	yì fān fēng shùn		9
一劳永逸	yì láo yǒng yì		11
一无所获	yì wú suǒ huò		11
医学	yīxué	（名）	6
依靠	yīkào	（动）	8
遗憾	yíhàn	（形）	11
疑惑	yíhuò	（动）	2
疑问	yíwèn	（名）	12
已婚	yǐ hūn		8
以便	yǐbiàn	（连）	9
义工	yìgōng	（名）	4
异常	yìcháng	（形）	4
意识	yìshí	（动）	9
意外	yìwài	（形）	4
意味	yìwèi	（动）	8
音响	yīnxiǎng	（名）	6
印刷	yìnshuā	（动）	2
迎面	yíngmiàn	（副）	1
赢	yíng	（动）	11
赢得	yíngdé	（动）	9
应	yìng	（动）	2
应酬	yìngchou	（动、名）	5
拥堵	yōngdǔ	（形）	9
悠闲	yōuxián	（形）	10
犹豫	yóuyù	（动）	11
油价	yóu jià		9
油渍	yóuzì	（名）	3
有利	yǒulì	（形）	5
有益	yǒuyì	（形）	12
幼儿园	yòu'éryuán	（名）	3
诱人	yòurén	（形）	11
鱼丸	yúwán	（名）	9
愉悦	yúyuè	（形）	9
预约	yùyuē	（动）	2
圆满	yuánmǎn	（形）	4
缘分	yuánfèn	（名）	1
源自	yuánzì	（动）	12
约	yuē	（动）	4
孕育	yùnyù	（动）	10
运气	yùnqi	（名）	11
运转	yùnzhuǎn	（动）	5

Z

灾祸	zāihuò	（名）	12
灾难	zāinàn	（名）	10
栽	zāi	（动）	10
载	zài	（动）	9
在场	zài//chǎng	（动）	4
在乎	zàihu	（动）	6
攒	zǎn	（动）	11
早点	zǎodiǎn	（名）	2
早已	zǎoyǐ	（副）	5
造成	zàochéng	（动）	2
噪声	zàoshēng	（名）	11
责骂	zémà	（动）	6
扎	zhā	（动）	10
扎根	zhā gēn		10
战胜	zhànshèng	（动）	12
张牙舞爪	zhāng yá wǔ zhǎo		7
长辈	zhǎngbèi	（名）	4
掌握	zhǎngwò	（动）	2
障碍	zhàng'ài	（名）	4
照例	zhàolì	（副）	7

专有名词索引

图书在版编目 (CIP) 数据

尔雅中文中级汉语综合教程 . 上 / 刘苏乔，聂风春编著 . 一北京：北京语言大学出版社，2013. 7 (2021.3 重印)

ISBN 978-7-5619-3549-1

Ⅰ. ①尔…　Ⅱ. ①刘…　②聂…　Ⅲ. ①汉语一对外汉语教学一教材　Ⅳ. ①H195.4

中国版本图书馆 CIP 数据核字（2013）第 134940 号

"十二五"国家重点出版物出版规划项目

书　　名：尔雅中文　中级汉语综合教程（上）
ERYA ZHONGWEN ZHONGJI HANYU ZONGHE JIAOCHENG（SHANG）
责任印制：周　燚

出版发行：北京语言大学出版社
社　　址：北京市海淀区学院路 15 号　**邮政编码：**100083
网　　址：www.blcup.com
电　　话：发行部　82303650 / 3591 / 3648
编辑部　82303647 / 3592 / 3395
读者服务部　82303653 / 3908
网上订购电话　82303668
客户服务信箱　service@blcup.com
印　　刷：北京印迪狗数码科技有限公司
经　　销：全国新华书店

版　　次：2013 年 7 月第 1 版　　2021 年 3 月第 4 次印刷
开　　本：889 毫米 1194 毫米　1/16　印张：12.5 / 3
字　　数：302 千字
书　　号：ISBN 978-7-5619-3549-1 / H· 13125
定　　价：62.00 元

目录

1 缘分

姓名：＿＿＿＿＿＿

一、熟读下列短语：

团团转	找借口	感叹不已	飞来飞去
当面批评	命中注定	塞进去	爱的火花
挡箭牌	一刹那	拐来拐去	茫茫人海
老大不小	长叹一声	绕来绕去	刻意寻觅

二、词语搭配连线：

相信	烦恼	找	对面
当面	关系	马路	得意
热心	批评	非常	人
婚姻	帮助	陌生	进去
十分	缘分	塞	借口

三、选词填空：

缘分　大不了　当面　热心　烦恼　忍不住

借口　迎面　得意　罚款　陌生　对面　塞

1. 别那么难过，这只是一次小测验，没有什么（　　　　）的。
2. 我去学校（　　　　）的邮局时，看到李东（　　　　）走了过来。
3. 他（　　　　）太忙，拒绝了人家给他安排的相亲活动。
4. 王经理一会儿来，你如果有什么意见或建议，可以（　　　　）向他提出来。
5. 他已经十几年没有回家乡了，曾经非常熟悉的一切都变得非常（　　　　）。
6. 老师当着大家的面夸了他，为此他（　　　　）了好长时间。
7. 那些司机随便违反交通规则，难道不怕警察（　　　　）吗？
8. 他虽然知道这里不让吸烟，但还是（　　　　）抽了起来。
9. 大家从世界各地来，坐在这里一起学习汉语，真是有（　　　　）啊。

10. 你这几天看起来很（　　　　）的样子，有什么心事吗？

11. 大家听说我搬家，都（　　　　）地来帮我，一会儿就把东西搬完了。

12. 他用纸把墙上的洞（　　　　）住了。

四、为括号里的词语选择正确位置：

1. 我 A 没有想到，B 他 C 就 D 住在我们小区的对面。（竟然）

2. A 他 B 马虎，竟然 C 把“篮球” D 写成了“蓝球”。（一时）

3. 张亮 A 喜欢那个女孩子 B 很多年了，但是 C 没敢 D 告诉她。（始终）

4. 我 A 寻觅了这么多年，B 没想到最有缘分的人 C 就 D 在身边。（原来）

5. 他也老大不小了，做错了事 A 我 B 确实 C 当面 D 批评他。（不好）

五、用指定词语完成句子或对话：

1. A：你怎么不去找小王来帮忙？

   B：我已经麻烦过他一次了，________________。（不好）

2. 他试着改变了一下学习方法，________________。（于是）

3. 她不想接受他的邀请，________________。（于是　借口）

4. 他竟然这么不讲道理，________________。（忍不住）

5. A：怎么样？现在对这里已经习惯了吗？

   B：________________。（一时）

6. 听说了这次的考试成绩以后，________________。（一时　得意）

7. A：你看起来不太开心，有什么事儿吗？

   B：别提了，我刚买的手机________________。（竟然）

8. 这么漂亮的一件大衣，________________。（竟然）

9. 我们是二十几年的老朋友了，________________。（始终）

10. 她昨天去逛街，________________。（……着……着）

六、用指定词语回答问题：

1. 安娜看到比赛结果以后是什么反应？（一时，忍不住）

2. 他今天不是有事吗？怎么还来上班呢？（不好，于是）

3. 爸爸为什么批评了小虎？（竟然，借口）

4. 德强最近好像有心事，他怎么了？（始终，烦恼）

5. 昨天那部电影怎么样？（……着……着，忍不住）

七、连词成句：

1. 严肃　了　几　地　他　批评　句　忍不住　爸爸

____

2. 有事　办公室　离开　小王　提前　了　昨天　借口

____

3. 对面　心动不已　坐　的　女孩儿　他　让　在

____

4. 激动　不　说　知道　什么　一时　得　她　应该

____

5. 陌生　环境　对　他　的　周围　始终　都　很

____

八、连句成段：

A. 上大学时张强喜欢上了一个女孩

B. 原来，那个女孩竟然也一直喜欢着他

C. 毕业前的一天，女孩塞给了他一封信

D. 可是始终都不好意思向她表白

E. 他读过之后激动不已

正确顺序：______________________________

九、模仿表达：

1. 读一读

一个男人到了 30 岁，还没结婚，这本来没有什么大不了；但是，如果他连女朋友都没有，那……问题就来了……

说一说

利用下面的表达式说一段话：

……（本来）没有什么大不了 / 无所谓，但是，如果……，那……

比如你可以这样开始：

偶尔迟到一次没有什么大不了，但是如果每天都迟到……

对方长得怎么样无所谓，但是如果性格不好……

2. 读一读

原来总觉得那是某些人的挡箭牌："要看缘分啦……"或者，老大不小的人，眼比天高，就给自己找借口："哎呀，不是我要求高，而是没有缘分啊！"要不，就是那些总找不到对象的人用来安慰自己……

说一说

试着用下面的表达式说一段话：

……，或者……，要不……

比如，你可以这样开始：

我周末想去逛街，或者去公园，要不……

十、写一写（每个话题至少写 120 字）：

1. 讲一下那个男人跟邻居女孩认识的经过。谈谈你对缘分的看法。
2. 讲一下姐姐和她的恋人的爱情故事。你觉得在恋爱中什么是比较重要的？为什么？

十一、课外应用：

1. 调查一下你周围的朋友和同学，了解一下他们觉得爱情中什么是最重要的（外表、性格、金钱、地位、职业、缘分等），写一篇调查报告。
2. 采访一下你的父母或者周围的其他夫妻、情侣，了解一下他们认识以及相爱的经过，写一篇文章。

2 坐在时光上

姓名：__________

一、熟读下列短语：

旅居海外	随时恭候	电话预约
早睡早起	好心好意	一分不差
没有把握	不守时	诧异的表情
仔细观察	互相尊重	心急如焚
合作伙伴	手足无措	疑惑不解

二、词语搭配连线：

尊重	方向	受到	生活
掌握	对方	观察	疑惑
准时	闻名	表情	掌握
世界	参加	熟练	尊重

三、选词填空：

把握　观察　唯一　尊重　掌握　预约

疑惑　偏偏　随时　尤其　启示

1. 人类从鸟那里得到了（　　　），于是发明了飞机。
2. 他的病还没有完全好，医生说还要住院（　　　）一段时间。
3. 尽管他对这次 HSK 考试还缺少（　　　），但是他想报名试一试。
4. 虽然我不太同意，但是我（　　　）你的意见。
5. 我好心好意地帮助他，可是他却不愿意理我，对此我（　　　）不解。
6. 火车马上就要开了，可是他的车票（　　　）找不到了，他心急如焚。
7. 在所有的体育运动里，太极拳（　　　）适合老人。
8. 参观那座美术馆的人特别多，所以必须事先（　　　）。
9. 他仔细地观察那些植物的生长情况，并（　　　）把新的发现记录下来。

10. 3000 多年前，人们就已经（　　　　）了制作瓷器的技术。

11. 小王是我来中国以前接触过的（　　　　）的中国人。

四、用指定词语完成句子或对话：

1. 我好不容易才为她买到那件礼物，没想到＿＿＿＿＿＿＿＿＿＿＿＿＿＿＿。（偏偏）

2. 大家都热心地帮助他，可是＿＿＿＿＿＿＿＿＿＿＿＿＿＿＿＿＿＿＿＿。（偏偏）

3. A：去那家医院看病方便吗？

   B：很方便，＿＿＿＿＿＿＿＿＿＿＿＿＿＿＿＿＿＿＿＿＿＿＿。（随时）

4. A：你知道小王的老家是哪个城市吗？

   B：我只知道他是南方人，＿＿＿＿＿＿＿＿＿＿＿＿＿＿＿＿＿＿＿＿＿。（至于）

5. 让我吃惊的是，这么多生词，＿＿＿＿＿＿＿＿＿＿＿＿＿＿＿＿＿＿。（居然　掌握）

6. A：为什么认识她的人都喜欢她？

   B：＿＿＿＿＿＿＿＿＿＿＿＿＿＿＿＿＿＿＿＿＿＿＿＿＿。（不仅……也……）

7. A：你向她表白，难道就不怕被她拒绝吗？

   B：不怕，＿＿＿＿＿＿＿＿＿＿＿＿＿＿＿＿＿＿＿＿＿，也不想将来后悔。（宁可）

8. ＿＿＿＿＿＿＿＿＿＿＿＿＿＿＿＿＿，也要把那件漂亮的大衣买下来。（宁可）

9. A：听说你下个月要结婚了，是吗？

   B：是啊，＿＿＿＿＿＿＿＿＿＿＿＿＿＿＿＿＿＿＿＿＿＿＿＿。（届时）

10. 很多人都爱吃巧克力，＿＿＿＿＿＿＿＿＿＿＿＿＿＿＿＿＿＿。（尤其）

11. 他为什么偏偏要这么做呢？＿＿＿＿＿＿＿＿＿＿＿＿＿＿＿。（疑惑）

12. 9 点的飞机，你现在才出发，＿＿＿＿＿＿＿＿＿＿＿＿＿＿＿＿？（把握）

13. 我觉得，要想提高听力水平，＿＿＿＿＿＿＿＿＿＿＿＿＿＿＿＿＿＿。（唯一）

五、用指定词语回答问题：

1. 老师为什么批评了小王？（居然　借口）

2. 这些生词我们会读就可以了吧？（不仅　掌握）

3. 明天的比赛，你能不能赢？（把握）

4. 明天跟我一起去爬山，怎么样？（宁可……也……）

5. 你这么忙，还能参加这次活动吗？（准时）

6. 你觉得这儿打车方便吗？（随时）

六、连词成句：

1. 任务　他　有　那　接受　很　地　把握　了　项

____

2. 很　习惯　观察　对　妈妈　孩子　生活　的　仔细　得

____

3. 公司　唯一　是　我们　的　他们　伙伴　合作

____

4. 尊重　文化　都　保护　和　民族　每　受到　的　个　应该

____

5. 掌握　的　市场　我们　了　情况　完全　已经　那里

____

6. 疑惑　眼前　他　对　非常　一切　发生　的　感到

____

7. 随时　报名　可以　都　办理　来　手续　大家　这里

____

七、连句成段：

A. 也应该尽量准时到达

B. 如果我们已经跟别人约好了见面的时间、地点

C. 这不仅是在珍惜自己的时间

D. 即使届时你非常忙

E. 也是对别人时间的尊重

正确顺序：______________________

八、模仿表达：

1. 读一读

只有一家，先要我等他查本子，又对我说下午三点十五分，最后还加一句……

说一说

用下面的表达式讲述一件事的经过：

首先 / 开始 / 先……，然后 / 又……，最后 / 还……

2. 读一读

谁迟到，是他不尊重别人的时间，你当然不必尊重他；至于下课，我们知道你是好心，要多教一点，可是我们下面还有其他的课，你这一延，就造成我们下一堂的迟到。

说一说

用下面的表达式说一段话：

……，至于……，……

比如，你可以这样开始：

我只知道他下个月结婚，至于是哪一天……

那个房子位置不错，环境挺好的，至于交通……

九、写一写（每个话题至少写 120 字）：

1. 那位朋友是怎么确定合作伙伴的？你觉得守时重要吗？为什么？
2. 在一次演讲时，“我”是怎么主动掌握时间的？怎样才能做一个守时的人？

十、课外应用：

1. 调查一下你周围的人，他们是“夜猫子”还是“百灵鸟”（爱早睡早起的人）？为什么会这样？根据结果写一个调查报告。
2. 把你日常的作息时间整理成一份表格，说一说你的时间安排有哪些地方可以改进或者调整，并说明原因。

3 世上最好的爱

姓名：＿＿＿＿＿＿

一、熟读下列短语：

忙忙碌碌	无穷无尽	瞪大眼睛	近视眼
身不由己	人生的乐趣	自欺欺人	洁白如雪
一日三餐	无忧无虑	津津有味	香气扑鼻
顶风冒雨	无牵无挂	若有所思	十分羡慕

二、词语搭配连线：

羡慕	他的遭遇	十分	汗水
同情	他的才能	缺少	忙碌
宣布	快乐	正式	乐趣
分享	成绩	付出	宣布
感受	压力	眼神	柔和

三、选词填空：

乐趣　忙碌　皱纹　吃惊　近视　通通　羡慕　宣布　感受　付出　收获

1. 他们及时通过电视向大家（　　　　）了这个重大的消息。
2. 现代人由于用眼时间过长，眼睛很容易（　　　　）。
3. 要想学好外语就一定要多下功夫。没有（　　　　），哪有（　　　　）？
4. 王丽很讲究时髦，在她眼里，逛街买衣服是一种很大的（　　　　）。
5. 我的一位好友已经毕业半年多了，至今还在为找工作（　　　　）。
6. 看着脸上逐渐增加的（　　　　），她心里急得不得了。
7. 只要努力，你自己也能把汉语学好，何必（　　　　）别人呢？
8. 一听到他的歌，所有的不愉快我（　　　　）都忘掉了。
9. 让人特别（　　　　）的是，不管多么难记的电话号码，他一下子就能记住。
10. 有了孩子以后，她才真正（　　　　）到了做母亲的辛苦。

四、用指定词语完成句子或对话：

1. 他顶风冒雨给我送来了雨伞，我________________。（不得了）
2. A：听说张雨找到了一份新工作？
   B：是啊，据说她的工作既有意思，收入又高，大家________。（羡慕　不得了）
3. 那个演员很有名，________________。（几乎）
4. 我很想回到童年时代，________________。（无忧无虑）
5. 他很喜欢旅行，________________。（至今）
6. ________________，然后就转身离开了。（冲）
7. 她________________：“怎么还站着？快过来帮帮我！”（冲）
8. 听到这里，她再也忍不住了，________________。（一下子　起来）
9. 电影开演了，电影院里________________。（一下子）
10. 结婚以后，他________________。（感受）
11. 上车前，王刚发现钱包竟然不见了，________________。（吃惊）
12. A：学外语很辛苦啊，怎么才能学好呢？
    B：________________。（乐趣）

五、用指定词语回答问题：

1. 康强听到这个消息以后怎么样？（不得了　一下子）
2. 你跟小王认识多久了？（至今）
3. 这次考试难吗？（几乎）
4. 最近怎么见不到安娜她们了？（忙碌　起来）
5. 听说小李记性特别好，真的吗？（吃惊）
6. 他因为生病不能参加这次考试了，你知道吗？（同情）

六、连词成句：

1. 乐趣 的 一 始终 当做 她 学习 把 种 人生

____

2. 羡慕 口 汉语 他 大家 能 流利 都 一 的 说

____

3. 正式 经理 向 计划 工作 的 大家 宣布 明年 了

____

4. 都 时间 忙碌 他 一 没有 的 连 睡觉 起来 几乎

____

5. 感受 还 过 没有 工作 他 压力 至今 到 的

____

七、连句成段：

A. 尽管他和她都明白

B. 他们俩都兴奋得不得了

C. 可是，为了那世上最好的爱，付出什么都值得

D. 志强和小云刚刚有了一个可爱的宝宝

E. 从此，他们就不再是自由自在无牵无挂的二人世界了

正确顺序：______________________________

八、模仿表达：

1. 读一读

你什么都看见了，就是没有看见我的快乐和幸福。

说一说

用下面的表达式说一段话：

……什么都……，就是……

2. 读一读

我至今还记得，他津津有味地吸吮那半块鸡骨头的样子。每次想起他衣服上留

下的那片淡黄色油渍，我心里就会有一片淡淡的温暖。

说一说

用下面的表达式说一段话：

我至今还记得……，每次想起……，我心里就 / 都……

九、写一写（每个话题至少写 120 字）：

1. 好友为什么同情“我”？有孩子好还是做“丁克”族好？为什么？
2. 举例说明，孩子怎样给了“我”最好的爱？说说你对“有付出就会有收获”这句话的看法。

十、课外应用：

1. 调查一下你周围的人。如果是已经有孩子的父母，他们有了孩子以后幸福增加了还是减少了？如果是还没有孩子的人，他们将来愿意不愿意要孩子？为什么？根据调查结果写一份报告。
2. 采访一位你身边的“成功者”(比如取得了好成绩的人，减肥成功的人，戒烟成功的人，也可以是恋爱上的成功者，等等)，了解一下他们成功的经过，验证一下“有付出就有收获”这句话是否正确。

4 圆满的误会

姓名：__________

一、熟读下列短语并选择几个口头造句：

乐于助人	电子邮箱	电子邮件
网上聊天	毫无障碍	关心体贴
随之而来	大发脾气	话音刚落

二、词语搭配连线：

一束	义工	忐忑的	身体
一场	玫瑰	意外的	惊喜
一封	误会	熟练的	心情
一名	电子邮件	健全的	手语

三、选词填空：

一向　吸引　比画　异常　体贴　回报　说服　积极　顿时

1. 我最近发现他的行为有些（　　　　），跟以前大不相同。
2. 刚来中国时，由于汉语水平不够，在饭馆点菜时常常边说边（　　　　），把周围人的注意力都（　　　　）了过来。
3. 作为夫妻，在长期的共同生活中，更应该学会互相关心、互相（　　　　）。
4. 听说下星期学校组织我们去南方进行语言实践活动，同学们都（　　　　）报名参加。
5. 开始，父母不同意我来中国留学，后来终于被我（　　　　）了。
6. 父母为了我上学付出了很多，我要以优秀的成绩来（　　　　）他们。
7.（　　　　）不懂浪漫的丈夫，那天却捧了一束玫瑰送给妻子，妻子（　　　　）惊喜万分。

四、用指定词语完成对话：

1. A：来北京旅游的人多不多？

　B：当然，北京的名胜古迹______________________________。（吸引）

2. A：你刚来中国的时候，跟中国人交流有问题吗？

B：________________________________。（障碍）

3. A：你为什么不相信我？

B：____________________________，我才会相信你。（亲眼）

4. A：天阴了，可能会下雨，我们别出去玩了！

B:（半小时后）果然________________________，真的下起雨来了。（不出……所料）

5. A：你今天怎么这么高兴？

B：因为__________________________，我真没想到他会记得我的生日！（意外）

6. A：昨天来参加婚礼的人多不多？

B：____________________________________。（足足）

7. A：你父亲不是不同意你去西藏吗？

B：____________________________________。（说服）

8. A：听说很多人不想来参加今天的晚会？

B：____________________________________。（动员）

五、用指定词语回答问题：

1. 你觉得安娜的性格怎么样？（一向　脾气）

2. 你为什么这么着急去火车站？（赶快）

3. 你怎么那么肯定他就在教室里？（亲眼）

4. 看起来你今天很有精神，昨晚睡得好吧？（足足）

5. 听到小伙子的表白后，姑娘怎么样？（顿时）

六、连词成句：

1. 聋哑人　我　看见　帮助　他　用　那　亲眼　个　在　手语

____

2. 小时　来　我　他　等　了　一个　才　足足　他

____

3. 我们　真　时间　就要……了　快　得　过　毕业　转眼

____

4. 这　比赛　看　激烈　场　的　完，鼓掌　都　在场　的　起来　观众　站

____

5. 我们　帮助　对于　过　的　人，懂得　我们　回报　要　感恩　和

____

七、连句成段：

A. 也就是说，快乐是积极的生活过程

B. 这是你给我的答案。但是我却认为

C. “很简单，快乐就是无忧无虑，没有负担啊！”

D. 快乐其实是完成理想，是从无到有地创造过程，是从这一站到下一站的旅程

E. “快乐是什么？”

正确顺序：____________________

八、模仿表达：

读一读

除了网上聊天，吴天宇还偶尔约罗晓兰出来走走，地点是罗晓兰家附近的公园，虽然总是用手语交谈，罗晓兰却毫不觉得沟通有障碍。

说一说

用下面的表达式说一段话：

除了……还……，虽然……却……

比如你可以这样开始：

我是这样学习汉语的……

我去过很多地方……

九、写一写（每个话题至少写 120 字）：

1. 课文中的罗晓兰和吴天宇是怎么认识的？他们之间发生了什么事？为什么说这是个圆满的误会？
2. 课文中的吴天宇是个什么样的人？如果你是罗晓兰，你会爱上一个聋哑人吗？为什么？

十、课外应用：

1. 课下找几位朋友或同学，问问他们在生活中有没有发生过什么误会？记录下来，课上跟大家讲一讲。
2. 上网看电影《听说》（台湾影片），这也是个关于"误会"的故事，看完后跟大家讲一讲。

5 慢生活

姓名：________

一、熟读下列短语：

狼吞虎咽	迷失方向	保持平衡	细嚼慢咽
人生智慧	知足常乐	脚步匆匆	塞饱肚子
宠辱不惊	生活节奏	反复叮嘱	随风而去

二、词语搭配连线：

脚步	积极		提醒	环保
生活	匆匆		提倡	他
反思	节奏		感到	平衡
态度	自己		保持	陌生

三、选词填空：

匆匆　节奏　反思　高速　提倡　相处

陌生　从容　提醒　懒惰　平衡　聚

1. 最近十年来，沿海地区的经济始终保持（　　　　）发展。
2. 我们应该（　　　　）一种新的消费观念——绿色消费。
3. 你应该好好（　　　　）一下自己，最近在学习上是不是太放松了？
4. 学习外语一定要下苦功夫，决不能（　　　　）。
5. 我刚接触这方面的工作，所以对它还有些（　　　　）。
6. 除夕夜，全家都（　　　　）在一起，多热闹！
7. 他尽量保持住身体的（　　　　），好让自己不摔倒。
8. 我早已把报名的事儿忘在脑后了，好在小王及时地（　　　　）了我。
9. 跟他（　　　　）久了，你会发现他是一个很有同情心的人。
10. 那位乘客（　　　　）地下了车，连皮包都忘了带。
11. 城市里的生活（　　　　）越来越快，人们几乎一刻也轻松不下来。
12. 如果预习好了，回答起老师的问题来，就会更（　　　　）。

四、用指定词语完成句子和对话：

1. 那是十几年前的事了，________________。（早已）
2. 他竟然这么不尊重人，________________。（不禁）
3. 看到她跳舞跳得那么好，________________。（不禁　羡慕）
4. 你吃饭时总是狼吞虎咽的，________________。（恐怕）
5. 要不是你及时地提醒了他，________________。（恐怕　早已）
6. 我跟他并不是很熟悉，________________。（偶尔）
7. 周末她一般逛逛街、看看电视，________________。（偶尔）
8. A：你刚才是在批评他吗？
   B：________________。（不是……而是……　提醒）
9. 我在上海生活过两年，____________，那里一点都不陌生。（对……来说）
10. A：________________？（对……来说）
    B：我觉得每天都能睡懒觉就是最大的幸福。
11. 每天睡得那么晚可不好，我们________________。（提倡）
12. ________________，匆匆忙忙怎么能做好呢？（从容）

五、用指定词语回答问题：

1. 小王今天没来上课，是不是生病了？（恐怕　不是……而是……）

2. 你最近还经常锻炼身体吗？（……得不得了　偶尔）

3. 你觉得这篇课文难吗？（对……来说）

4. 怎样才能保持健康？（提倡　尤其）

5. 你的护照办好了吗？什么时候动身？（早已　随时）

6. 不是 9 点的飞机吗？你怎么走这么早？（从容）

六、连词成句：

1. 提醒 我 要 掌握 早已 过 好 一定 时间 他

____

2. 激动 消息 不禁 十分 听 个 他 了 那 心里

____

3. 机器 生活 运转 我们 的 像 几乎 高速 台 的 一

____

4. 值得 精神 时间 的 珍惜 种 提倡 这 我们

____

5. 陌生 至今 的 环境 仍然 生活 对 这里 他 很

____

七、判断下列句子对错，并把错误的改过来：

1. 为了不来参加这次会议，他借口了生病。（ ）
2. 看到他狼吞虎咽的样子，她忍不住笑出了声。（ ）
3. 我叮嘱过小王多少遍了，竟然他还是把这件事儿给忘了。（ ）
4. 他宁可付出自己的一切，也要得到那个女孩的爱。（ ）
5. 孩子刚才还在这里，怎么转眼就不见了？她不禁吃了大惊。（ ）
6. 老师冲大家宣布了这个好消息，同学们听了一下子欢呼起来。（ ）
7. 收拾好行李，他顿时就出发了。（ ）
8. 对中国人来说，春节的时候全家人聚在一起是最幸福的事情。（ ）

八、连句成段：

A. 不过，对很多人来说，这并不是他们真正想要的生活
B. 也许人们早已习惯了这种快节奏的生活
C. 我们就开始了一天的忙碌
D. 他们希望让自己的脚步慢下来
E. 有时间尽情地享受生活的乐趣
F. 早上一睁开眼睛

正确顺序：______________________________

九、模仿表达：

1. 读一读

……这样高速运转的生活方式难道真的是我们想要的吗？我们还能感受到生活带给我们的快乐吗？

恐怕大多数人的答案都是否定的。因为，“快”已经让我们迷失了生活本来的方向，让我们离幸福越来越远。

说一说

用下面的表达式说一段话：

……吗？恐怕……，因为……

比如，你可以这样开始：

有钱就真的会幸福吗？恐怕不一定，因为……

这件事你觉得爸爸会同意吗？恐怕不会的，因为……

2. 读一读

只要你抱着一种知足常乐的心态，好好地享受今天的阳光带给你的快乐；只要你能够做到“宠辱不惊，看庭前花开花落”，那么一切烦恼都会随风而去。

说一说

用下面的表达式回答问题：

只要……，只要……，那么……

（1）怎么才能保持身体健康呢？

（2）怎么才能学好汉语呢？

（3）我们怎样才能拥有幸福的生活呢？

十、写一写（每个话题至少写 120 字）：

1. 提倡“慢生活”的人会怎么做？你喜欢“快”还是“慢”，为什么？
2. 为什么说“慢用”“慢走”包含着积极的人生智慧？谈谈你对“慢生活”的看法。

十一、课外应用：

1. 选不同时段，在街头观察一下人们走路的速度是快还是慢，什么样的人快，什么样的人慢（必要时可以做一下街头采访）。分析一下原因，写一篇文章。
2. 调查一下你周围的人，最好包括不同年龄段（比如孩子、年轻人、中年人、老年人）、不同职业身份（比如小孩儿、学生、公司职员、退休老人）的人，了解一下他们喜欢快节奏的生活还是慢节奏的生活，原因是什么。根据结果写一份调查报告。

6 青春期碰上更年期

姓名：＿＿＿＿＿＿

一、解释下列句子中第二人称代词“你”的用法：

1. 从此以后，无论做什么事，只要你不同意，她就会来一句“青春期！”

2. 这孩子故意气我，你让他向东，他偏向西。

3. 这个人不爱说话，你问他十句，他才答一句。

4. 在生活中，你要想得到别人的尊重，首先你得尊重别人。

5. 比赛场上，大家你追我赶，争先恐后地往前跑。

6. 你如果不努力，就不能取得好成绩，这是每个学生都懂的道理。

7. 你管他吧，他不听你的；你不管他吧，又觉得没尽到责任。

8. 不管你是谁，只要你犯了错误，就应该受到惩罚。

二、词语搭配连线：

不在乎	不耐烦	忍受	抗议
感到	别人的看法	随意	烦躁
受到	谅解	提出	发泄
互相	拒绝	心情	病痛

三、选词填空：

顶嘴　劝阻　沟通　体贴　忍受　脾气　愧疚　困扰

1. 20多岁的年轻人常常受到感情问题的（　　　　）。
2. 你明明知道他是开车来的，不能喝酒，可你为什么没有（　　　　）他？
3. 处于青春期的子女和更年期的父母需要经常进行（　　　　），互相（　　　　）。
4. 我一想到自己小时候不听话，常常跟父母（　　　　），心里就觉得很（　　　　）。
5. 这么多年来，我一直（　　　　）着她的坏（　　　　）。

四、判断下列句子对错，并把错误的改过来：

1. 接了那个电话，我随即赶到了出事地点。（　　）
2. 向来我们班的同学学习都很努力。（　　）
3. 他常常以身体不舒服为理由不来上课。（　　）
4. 这个汉字不但外国人不认识，甚至连很多中国人也不认识。（　　）
5. 他们俩为了一件小事差点儿吵起来。（　　）
6. 为了学好汉语，尽量我们应该多听、多说、多写。（　　）

五、连词成句：

1. 对　应该　不　青春期　孩子　随意　父母　发泄　的　情绪

____

2. 更年期　妈妈　以……为……　我　理由　对　责骂　唠叨

____

3. 妈妈　自　后　打　更年期　进入，越来越　脾气　变　坏　得

____

4. 态度　向来　工作　李老师　的　积极　很　对

____

5. 事情　难以　那天　令人　发生　的　忘记　晚会　上

____

六、用指定词语完成句子：

1. 他昨天把手机丢了，但是______________________________。（在乎）
2. 我每次问他一些问题，______________________________。（不耐烦）
3. 他这样做是因为他正处于青春期，______________________________。（谅解）
4. 最近我们学校食堂的饭菜涨价了，______________________________。（抗议）
5. 当你有烦恼的时候，______________________________？（发泄）
6. 这两天小李正跟女朋友闹矛盾，______________________________。（烦躁）

七、连句成段：

A. 唉，一个母亲对孩子的操心是无穷无尽的

B. 孩子上了重点中学

C. 上了好大学将来才有可能找到好工作

D. 上了好高中才有希望考上好大学

E. 找到了好工作，他（她）能不能找个好妻子（丈夫）

F. 还希望他（她）考上更好的高中

正确顺序：__________________________

八、模仿表达：

读一读

最令人受不了的是：她的脾气变得越来越坏。常常多问两句，她就不耐烦。有时，话说到一半，不合她意，她扭头就走，回到房间，把房门“啪”的一声关上。

说一说

用下列表达式说一段话：

最令人……的是：…………

比如，你可以这样开始：

我有一个很爱生气的朋友，……

九、写一写（每个话题至少写 120 字）：

1. 处于青春期的孩子在生理上、心理上一般有什么变化？作为父母，应该怎样对待他们？

2. 处于更年期的父母在生理上、心理上一般有什么变化？作为子女，应该怎样对待他们？

十、课外应用：

在校园里找几个大学生，了解一下他（她）们青春期的表现以及当时与父母的关系，并记录下来，在课堂上讲给大家听。

7 我往东，他往西

姓名：__________

一、熟读下列短语：

张牙舞爪	慌慌张张	冷静如水	恰恰相反
躲起来	迷迷糊糊	马马虎虎	彼此的想法
盲目崇拜	闭上眼睛	笑成一团	擦出火花

二、词语搭配连线：

存在	产品	讲究	紧张
特色	差异	闭	对待
盲目	冷静	场面	特色
失去	相信	冷静	眼睛

三、选词填空：

差异　场面　慌张　特色　冷静　盲目

本身　转眼　模仿　逻辑　寂寞　彼此

1. 见到对方神色有些（　　　　），他心里不禁怀疑起来。
2. 这些充满了中国（　　　　）的建筑吸引了很多游客在这儿拍照留念。
3. 中国的南方人和北方人在饮食、风俗习惯等方面存在着很大的（　　　　）。
4. 你听出来了吗？他刚才（　　　　）的是哪一种动物的叫声？
5. 明明是你错了，却让我跟你道歉？你这是什么（　　　　）？
6. 作为一个运动员，这种紧张的比赛（　　　　）他早就已经习惯了。
7. 你们之间应该多聊聊，这样可以增加对（　　　　）的了解。
8. 他在这个陌生的城市里无亲无故，感觉十分（　　　　）。
9. 不需要添加别的调味品，这种菜（　　　　）的味道已经很香了。
10. 时光匆匆，我来到这里（　　　　）已经一年多了。

11. 越是面对紧急的情况，头脑越要保持（　　　　）。

12. 很多年轻人以某些歌星、影星为自己的偶像，（　　　　）崇拜他们。

四、用指定词语完成句子或对话：

1. 她过生日的那一天，________________。（恰恰）

2. A：啤酒也算是酒吗？我一下子喝掉 10 瓶都没问题。

   B：别吹牛了，________________。（根本）

3. A：你今天跟女朋友去饭店吃饭的时候，是谁结的账？

   B：________________。（照例）

4. ________________，我们可以好好放松一下了。（总算）

5. 吃饭的时候________________，要不然影响消化。（千万）

6. 发生火灾时，________________。（冷静　千万）

7. ________________，就是房租太贵了。（倒是）

8. A：你刚才是不是冲她发火了？

   B：________________？（谁说　根本）

9. 要多听听医生的建议，________________。（盲目）

10. ________________，所以很受消费者欢迎。（特色）

五、用指定词语回答问题：

1. 他没来开会真的是因为生病了吗？（借口　根本）

2. 最近大家为什么这么开心？（总算）

3. 听说她面试失败了，你是怎么安慰她的？（千万）

4. 大家为什么说他的作品没有特色？（盲目　模仿）

5. 都半夜 12 点了，这么多功课你怎么可能复习完呢？（谁说……　宁可……也……）

六、连词成句：

1. 照例　睡觉　一会儿　看　每天　他　前　都　电视　要

____

2. 千万　遇到　你　时候　的　危险　要　不　慌张

____

3. 紧张　见到　场面　会　人　每　感到　的　个　这　都　种

____

4. 给　盲目　损失　公司　投资　会　巨大　造成　的

____

5. 好　才　下来　冷静　我　他　安慰　了　半天　他　逐渐

____

6. 宁可　特色　他们　不　失败　的　也　失去　自己　想

____

七、连句成段：

A. 认识她们的人都说她们俩的性格差异太大

B. 丽丽是个很细心的人

C. 根本不像是一对好朋友

D. 而她的好朋友小云则恰恰相反

E. 丽丽听了却说："谁说只有性格相似的人才能成为好朋友？"

F. 整天马马虎虎丢三落四的

正确顺序：______________________

八、模仿表达：

1. 读一读

每天晚上，我根本不用看电视节目表，只需问一下：老公，今晚上可有好看的电视节目？

说一说

用下面的表达式说一段话：

……根本不用……，只需……/……就可以了/……就行了

比如，你可以这样开始：

那儿很近，根本不用打车去，……

这件事很简单，你根本不用亲自跑一趟，……

2. 读一读

如果他高兴地说，今晚的电视好看极了，我就会知道一定不是我喜欢的，但也暗喜，因为没人会和我抢电脑了。

说一说

用下面的表达式说一段话：

如果/要是……，（那么）……就……，但是/可是……，因为……

比如，你可以这样开始：

如果能住在学校附近，那么就太方便了，但是……

如果人不用工作，那多轻松啊，可是……

九、写一写（每个话题至少写150字）：

1. 讲一下“我”和丈夫那次爬山的经历。谈谈你对他们的婚姻的看法。
2. 举例说明“我”和丈夫有哪些差异。性格互补的人能做夫妻或者朋友吗？为什么？

十、课外应用：

1. 调查一下你的同班同学的血型，并了解一下他们属于哪一种性格，你觉得血型跟性格有关系吗？根据结果写一份调查报告。
2. 采访一下你的父母（或者你认识的夫妻、情侣），他们的性格是“相似”还是“互补”？他们相处得怎么样？他们是如何处理两人之间的矛盾的？根据采访内容写一篇文章。

8 称呼之难

姓名：____________

一、熟读下列短语，注意其用法：

改革开放	新鲜事物	层出不穷	与此同时
年龄大小	职位高低	亲疏尊卑	手足情谊
不伦不类	引起注意	感情默契	仔细研究

二、划线连词：

交往	自尊	自尊心	很大
伤害	下去	学问	很深
关系	保养	职位	很强
注重	融洽	权力	很高

三、选词填空：

干脆　大致　假如　可见　不伦不类

意味　偶然　抱怨　发火　一律

1. 将这篇文章翻译成英语，(　　　　)需要两个小时。
2. 上身穿西服，下身穿牛仔裤，脚穿运动鞋，这样的打扮有些(　　　　)。
3. (　　　　)他送给你一束玫瑰花，就________着在向你表达爱情。
4. 既然戒烟那么难，就(　　　　)别戒了。
5. 考试的时候(　　　　)凭准考证进入考场，这是学校的规定。
6. 一个(　　　　)的机会，我认识了她，她虽然是个残疾人，但性格乐观，从不(　　　　)命运，也很少冲别人(　　　　)。
7. 一看到成绩单她就高兴得跳了起来，(　　　　)这次她考试成绩不错。

四、为括号里的词语选择正确位置：

1. A 我们 B 在坐地铁的时候 C 遇到了张老师 D 。　　　　（偶然）

2. A 不管 B 大家同不同意，C 我要 D 坚持自己的意见。（反正）

3. A 同学们 B 认为这次考试 C 容易 D 。（相当）

4. A 如果 B 没有学生证 C 不能买半价 D 火车票。（一律）

5. A 今天的天气真是 B 不错，C 我们去 D 爬山吧。（干脆）

五、判断下列句子对错，并把错误的改正过来：

1. 第一次见面就问一个女人的年龄，是不是有些不妥？（ ）
2. 我在校园里偶然散步时遇见了校长。（ ）
3. 小丽今天考试不及格，可见，她的心情不好。（ ）
4. 我对妈妈说："您放心吧，我跟我的同学们很融洽。"（ ）
5. 眼下，我们最重要的任务就是学好汉语。（ ）
6. 长大成人就意味着十八岁了。（ ）
7. 这孩子很有礼貌，见面就说"叔叔好！"，听着很顺耳。（ ）

六、用指定词语完成对话：

1. A：这次报名参加汉语水平考试的同学多吗？

   B：很多，______________________________。（拿……来说）

2. A：听说，安娜这次期末考试每门功课都考得不错，是吗？

   B：是啊，______________________________。（就拿……来说吧）

3. A：阿里，刚才我们一起看的那个中文电影，你都听懂了吗？

   B：没都听懂，__________________________。（大致）

4. A：老师，您觉得我的论文这次修改得怎么样？

   B：______________________________。（大致）

5. A：老师，考试的时候可以查字典吗？

   B：除了写作课以外，____________________________。（一律）

6. A：明天，我们班参加比赛的时候，要穿什么衣服？

   B：不论男生还是女生，__________________________。（一律）

7. A：你怎么一下子买了两件一样的衣服？

   B：售货员说"100 元一件，150 元两件！"于是__________________。（干脆）

8. A：听说，去那个地方要换好几次车，挺麻烦的。

B：那我们不坐公共汽车去了，________________。（干脆）

9. A：我们又上班又做家务，太累了！

B：那你们________________。（干脆）

A：哪些家务给保姆做呢？

B：________________。（……什么的）

10. A：你知道怎么称呼一个 30 多岁的女人吗？

B：________，就叫“女士”；________，就叫“小姐”吧。（假如）

A：要是不知道她是否结婚了呢？

B：这……我也不知道，________________。（可见）

七、连词成句：

1. 层出不穷　事物　最近　各种各样　新鲜　几年　的

____

2. 权力　“同志”　高低　在　年代　大小　职位　一律　那个　不管　称呼

____

3. 姑娘　假如　一个　称呼　年轻　这样，冒昧　有点儿　太　了

____

4. 经常　驾车　他　酒后，事故　次　偶然　这　不　交通　是　的　发生

____

5. 之间　融洽　关系　使　人与人　的　更加　为了　，　对　研究　有　称呼　进行　必要

____

八、模仿表达：

读一读

人与人之间的交往，有很多学问，就拿称呼来说吧，中国人在称呼上有很多讲究。在旧时代，假如是个男的，又是有地位的，那么，年纪大些的就叫“老爷”……

说一说

用下面的表达式说一段话：

……就拿……来说吧，……假如……那么……

你可以这样开始：

我们学校有很多规定，……

在我们国家，跟人打招呼有很多讲究，……

九、写一写（每个话题至少写150字）：

1. 请举例说明，随着时代的发展，中国人在称呼方面是怎么发展变化的。在你的国家，对称呼有什么讲究？
2. 改革开放之后，中国人在男人和女人的称呼上有哪些讲究？谈谈你的看法。

十、课外应用：

在校园里或大街上，试着用课文里介绍的不同称呼跟不同年龄、不同性别的中国人打招呼，观察他们的反应，课上给大家讲讲你看到的情况。

9 今天，你心情好吗

姓名：____________

一、熟读下列句子，注意说话的语气：

1. 有什么好？到处都不景气，你想我们出租车生意会好吗？每天很辛苦，也赚不到什么钱，真是气人！
2. 舒服个鬼！不信你来试试，看你还会不会觉得舒服？
3. 我总是换个角度来想事情。比如，出来开车，其实是客人付钱请我出来玩。像今天一早，我就碰到您，花钱请我跟您到郊外玩，这不是很好吗？等到了郊外，您去办您的事，我就正好可以顺便欣赏郊外的景色，抽支烟再走啦！
4. 所谓阳光心态，就是一种积极的、向上的、宽容的、开朗的健康心理状态。这样就会活得很开心，很快乐、很幸福！

二、词语搭配连线：

物价	轻快	发生	比赛
经济	上涨	赢得	变故
记者	不景气	难得	景色
语气	采访	欣赏	回家

三、选词填空：

随口　悲观失望　迥然不同　笑容可掬　意识　面对

角度　一帆风顺　心烦意乱　顺心　挫折　宽容

人生在世，在生活的道路上不可能是（　　　）的，有时会遇到一些（　　　）或者不（　　　）的事情，但这并不可怕，关键是我们的心态如何。有的人一遇到麻烦就会（　　　），甚至（　　　）。也有的人在遇到问题时，心态却（　　　），他们认为，当你（　　　）到这是自己无法改变的事实时，就应该换一种（　　　）去看问题，首先自己的心情要愉快，要采取（　　　）的态度。我身边这样的朋友就有不少，

（　　　　）就能说出几个，比如李君，他总是用阳光心态去（　　　　）生活，不管你什么时候看见他，都是一副（　　　　）的样子，每天都会带给别人快乐的心情。

四、为括号里的词语选择正确位置：

1. 我　A　可以　B　陪你出去　C　散散步，　D　我有时间。　　　　（反正）
2. 我　A　是第一次出国留学，　B　何况　C　去那么远的国家，妈妈　D　当然不放心。　　　　（更）
3. 　A　除了上课，　B　学校还带我们去外地实习，　C　更好地了解中国　D　。（以便）
4. 　A　我爸爸　B　来一趟北京，我　C　得好好　D　陪他逛逛。　　　　（难得）
5. 即使　A　是星期天，　B　图书馆里　C　有很多学生　D　。　　　　（也）

五、判断下列句子对错，并把错误的改正过来：

1. 门开了，老师一帆风顺地走了进来。　　　　（　　）
2. 虽然是姐妹，可是她俩的性格迥然不同。　　　　（　　）
3. 最近，老张总是抱怨物价上涨、收入不理想。　　　　（　　）
4. 即使经济不景气，也我们不应该心烦意乱。　　　　（　　）
5. 今天我病了，何况天气也不好。　　　　（　　）
6. 我爸爸总能换一种角度来看待生活中遇到的变故。　　　　（　　）
7. 学习汉语的道路不是一帆风顺的，也会遇到挫折。　　　　（　　）
8. 这次考试不难，我顺心地通过了。　　　　（　　）

六、用指定词语回答问题或完成对话：

1. 记者的主要工作是什么？　　　　（采访）
2. A：小李怎么会知道我们的秘密呢？是不是你告诉他了？
   B：对不起，____________________________。　　　　（随口）
3. 在北京租房子贵不贵？　　　　（上涨）
4. 这个歌星昨天晚上的演唱会怎么样？　　　　（赢得）
5. A：听说阿里上次考得不太好，这次怎么样？
   B：________________________，显然考得不错！　　　　（笑容可掬）

6. A：她怎么了？怎么最近一直痛苦不堪的？
B：________________________________。（顺心）
7. A：这个假期你回国吗？
B：____________________，我一定回去看父母。（难得）
8. A：为什么我点的菜，你一口也不吃呢？
B：你点的菜有点儿辣，____________________，一点儿也不饿。（何况）

七、连词成句：

1. 看　多　中文　我们　电影　应该，提高　以便　水平　我们　听力　的

____

____

2. 应该　问题　学　换　我们　会　心态　看　一种

____

3. 才　我　结婚　自己　意识到　责任　的　身上　以后

____

4. 事情　遇到　的　即使　不　顺心，心态　的　也　健康　保持　应该

____

____

5. 空姐　一副　飞机上　笑容可掬　的　总是　的　样子

____

6. 遇到　不管　挫折　什么，我　失望　反正　悲观　不会

____

7. 上涨　伴随　油价　着，抱怨　司机们　越来越　多　的

____

8. 朋友　互相　一般　之间　帮助　应该　都，何况　呢　更　情侣

____

八、连句成段：

A. 比如亲人的去世和各种自然灾害

B. 既然已成事实，就只能接受它、适应它

C. 也有很多事却是无法改变的

D. 人活在世上，谁都难免要遇到一些挫折或者难以改变的事情

E. 有些事情是可以改变的

正确顺序：______________________

九、写一写（每个话题至少写 150 字）：

1. “我”遇到的两个司机在态度上有什么不同？为什么？在生活中你是个快乐的人吗？为什么？

2. 第二个司机告诉了“我”一个什么秘密？你觉得他的这种想法怎么样？为什么？

十、课外应用：

1. 在街头对不同年龄、不同性别、不同职业的人做一个采访，了解他们心情好或者心情不好的原因，下次上课时给大家讲讲。

2. 调查一下你周围的朋友或同学，问问他们心情不好时如何调整？课上讲给大家听。

10 胡杨林的启示

姓名：＿＿＿＿＿＿

一、熟读下列短语：

烈日炎炎	向他请教	根深叶茂
飞沙走石	一夜之间	辛勤劳动
雷打不动	不理不睬	公平处理
一片狼藉	顶天立地	环境舒适

二、词语搭配连线：

辛勤	对待	生活	风雨
公平	劳动	表情	充足
养成	问题	经得起	舒适
请教	习惯	水分	惊讶

三、选词填空：

经得起　辛勤　蒸发　浇　栽　奥秘　舒适

不理不睬　充足　整整　惊讶　请教

1. 他小时候在院子里（　　　　）下的树苗，现在已经长成了一棵根深叶茂的大树。
2. 我给他提过很多次建议，但是他始终（　　　　）。
3. 我们今年能取得这么好的成绩，是因为大家付出了（　　　　）的汗水。
4. 那里气候干燥，下一点儿雨，水分很快就（　　　　）掉了。
5. 在不知不觉中，他已经在这里（　　　　）生活了二十年了。
6. 回到家里，看着地面一片狼藉的样子，她十分（　　　　）。
7. 我想向您（　　　　）一下，怎么才能掌握好工作和生活的平衡呢？
8. 这种花需要勤（　　　　）水，养起来比较麻烦。
9. 地球上最早的生命是如何孕育出来的呢？这个（　　　　）至今仍未完全揭开。
10. 离比赛还有三个多月呢，我们在此之前有（　　　　）的时间来做准备。

11. 胡杨林这种植物生命力十分顽强，（　　　　）风沙干旱。

12. 退休后她每天做做家务，看看电视，偶尔出去旅行一趟，生活过得很（　　　　）。

四、用指定词语完成句子或对话：

1. 他接过我的钱，连看都没看，________________。（顺手　塞）
2. 是他刚才________________，要不然我就摔倒了。（一把）
3. 放假了，________________。（纷纷）
4. 比尔轻轻松松就获得了 HSK 六级证书，________________。（纷纷　请教）
5. 时间太快了，________________。（不知不觉）
6. ________________？为什么还喝这么多酒？（难道）
7. 快考试了，他怎么还那么悠闲？________________？（难道）
8. A：杨健请你去看电影，你怎么没去呢？

   B：唉，最近我实在太忙了，________________。（不得不　拒绝）
9. 他每天不学习，就知道上网，爸爸________________。（恨不得）
10. 看到孩子们每天无忧无虑，那么快乐，________________。（羡慕　恨不得）

五、用指定词语回答问题：

1. 大家知道小赵受伤住院的消息后怎么样？（惊讶　纷纷）

2. 什么是“夜猫子”？（难道　所谓……就是……）

3. 那个问题解决了吗？（……来……去　总算）

4. 你在工作上遇到问题会怎么做？（照例　请教）

5. 你现在想家吗？（……得不得了　恨不得）

六、连词成句：

1. 辛勤 通过 他们 成功 总算 工作 的 了 获得

____

2. 对 惊讶 进步 的 大家 取得 感到 都 他 非常

____

3. 虚心 遇到 总是 了 地 别人 他 问题 向 请教

____

4. 公平 难道 吗 不 很 做 你 这样 觉得 不

____

5. 恨不得 人 的 把 消息 他 个 告诉 好 马上 这 所有

____

七、连句成段：

A. 一逛起来，急性子的她就变成了慢性子

B. 看样子，她恨不得把整个商场的东西都买下来

C. 小丽最喜欢逛商场

D. 不管有没有要紧事

E. 她总是从从容容，不慌不忙

F. 可是逛来逛去，她最后往往两手空空，根本什么都没买

正确顺序：______________________

八、模仿表达：

1. 读一读

沙漠里的水蒸发得快，即使这样隔三天浇一次，树根其实也没吸到多少水，都蒸发掉了。

说一说

用下面的表达式回答问题：

即使……，其实也……

（1）他怎么整天不学习啊？

（2）小李总是抽烟，你怎么不劝劝他？

（3）今天有雨，比赛还能按时进行吗？

2. 读一读

别给生命太舒适的温床，要不然只会孕育出生命的灾难。要想使你的生命之树根深叶茂顶天立地，那就不要给它太充足的水分和肥料，逼着它奋力向下自己扎根。

说一说

用下面的表达式说一段话：

别 / 不要……，要不然……，要想……，那就……

比如，你可以这样开始：

不要总是抽烟……

不要总是开夜车……

别总迟到……

九、写一写（每个话题至少写 150 字）：

1. 栽了胡杨树苗后，那两个人的做法有什么不同？谈谈你对他们的看法。
2. 那两片胡杨树林在经历了狂风之后有什么不同？原因是什么？对此，你有什么感想？

十、课外应用：

1. 在网上查找有关胡杨的资料，了解它有什么特点，写一篇文章。
2. 结合你自己的成长经历，谈一谈你的父母采用的是哪一种教育方式，这种方式给你带来了什么影响。

11 买彩票

姓名：____________

一、词语搭配连线：

掏	起来	遗憾	别人
攒	出来	埋怨	极了
陷入	增加	非常	嘲讽
概率	麻烦	受到	公平

二、熟读下列词语，在理解的基础上选词填空：

怦然心动　一本万利　一劳永逸　愁眉苦脸　化为乌有

恍然大悟　泥牛入海　饥肠辘辘　深思熟虑　痛痛快快

1. 今天早饭吃得少，何况又上了四个小时的课，所以，我已经________了。
2. 小张今天怎么了？为什么一直________的？
3. 听到彩票发售点那么诱人的宣传，谁不________呢？这就是________的投资啊！
4. 听了老张的解释，我才________，原来是这么回事啊！
5. 小丽发出去的求职信就好像________，再也没有回音。
6. 我作出的这个决定是经过________的，决不会后悔。
7. 我以为他不会答应，没想到他却________地同意了。
8. 世上很少有________的事情，任何事都需要不断地努力。
9. 没想到他辛辛苦苦写的几万字，由于电脑故障竟然一下子________！

三、解释下列句子中“某”的用法：

1. 我们经常从报纸上和传闻中得知某年某月的某一天又有某某人买彩票中了大奖……

____

2. 假如你喜欢上了某个人，你会怎么表白呢？

____

3. 他们俩在某些问题上还存在不同的意见。

____

4. 我们班的某某同学今天又迟到了，希望以后注意。

____

5. 这只是某些人的看法，不能代表大家。

____

四、为括号里的词语选择正确位置：

1. A 必须经过父母 B 同意，C 你 D 不能去旅行。（否则）
2. 我只是 A 想骗她一下 B ，没想到 C 她 D 当真了。（竟然）
3. A 我 B 当老师已经20多年了 C ，D 没有离开过这所学校。（始终）
4. 父母每月 A 寄 B 给他的生活费 C 不到月底就全花 D 了。（出去）
5. A 我同屋 B 今天又起晚了，C 他又要迟到了 D 。（恐怕）

五、整理句子：

1. 我　恍然大悟　老师　经过　才　解释　仔细

____

2. 吸引力　那　让　人　些　电视　上　颇具　的　广告　怦然心动

____

3. 攒　也　爸爸　了　套　一辈子　钱　不　买　一　房子　够

____

4. 游戏　对　状态　小王　陷入　玩　很快　痴迷　电脑

____

5. 来　除非　你　我　请，会　我　不然　不　参加

____

6. 彩票　几乎　都　每天　买　他　，始终　头上　但是　没　的　降临　他　运气　到

____

____

六、用指定词语完成对话：

1. A：听说你买彩票了，中奖了吗？

   B：________________。（遗憾）

2. A：明年我们就该上三年级了吧？

   B：必须通过期末考试，________________。（否则）

3. A：他今天为什么愁眉苦脸的？

   B：他刚拿到成绩单，________________。（恐怕）

4. A：你打算什么时候减肥？

   B：________________。（从……起）

5. A：你今晚能陪我去看电影吗？

   B：恐怕不行，________________，哪有时间看电影啊！（够……的）

6. A：听说小文考上了清华大学？真不容易啊！

   B：是啊，________________，他终于实现了自己的愿望。（经过）

七、用指定词语回答问题：

1. 明天周末，咱们一起去逛街吧。（够……的　恐怕）

2. 安娜这个学期学习有没有进步？（经过）

3. 听说你第一次买彩票就中奖了？（运气）

4. 你打算什么时候买电脑？（攒）

5. 你觉得这种巧克力的广告怎么样？（吸引力）

八、模仿造句：

1. 即使没有那40万元，仅仅只中一辆“夏利”小轿车也已经够刺激的了。

____

____

2. 难道还有比买彩票更一本万利、更一劳永逸、更诱人、更快乐的投资吗？

____

____。

3. 从彩票发售的第一个年头起，女友就毫不犹豫地步入了这一致富捷径。

____

____。

4. 只能继续购买彩票，否则这些投资就等于扔进水里了。她想：只要这千百万张两元的彩票中有一个中奖机会，自己就赢了！

____

____。

5. 当初女友虽是花了钱的，但她希望用最少的钱换最多的钱，却忘了还有一笔支出，那就是风险金。看来，便宜的东西有时也是最贵的。

____

____。

九、写一写（每个话题至少写 150 字）：

1. 请介绍一下“我”的女友是怎么迷上买彩票的，她的每一笔钱是怎么花出去的，结果如何。谈谈你对买彩票的看法。
2. 为了吸引大家买彩票，彩票发售点是怎么做宣传的？你认为买彩票是一种好的投资方式吗？谈谈你自己（或你的朋友）买彩票或中奖的经历。

十、课外应用：

1. 找一个彩票销售点，了解一下中国彩票的种类。
2. 采访一个或几个买过彩票的人，了解一下他们买彩票的原因和结果，请他们谈谈自己对买彩票的看法，记录下来，课上向大家汇报。

12 数字迷信

姓名：__________

一、熟读下列短语并选择几个口头造句：

难以对付	历代皇帝	举世闻名	所到之处
无所不在	琴棋书画	笔墨纸砚	毫无疑问

二、词语搭配连线：

象征	数字	事故	幻觉
幸运	对付	产生	感
难以	爱情	有益	率
毫无	疑问	幸福	健康

三、选词填空：

毫无　偏爱　安全感　事故　举世闻名　历来　幸运　忌讳

1. 新疆________就是一个多民族、多宗教并存的地方。
2. 香港人比较________“164”这个数字，因为它与广东话的“一路死”谐音。
3. 他一接到报警电话就马上赶到了________现场。
4. 青岛啤酒已经成为一个________的世界品牌。
5. 两个相爱的人在一起生活是非常________的事情。
6. 在我们班，男生比较喜欢踢足球，而女生比较________打羽毛球。
7. 对数字的迷信其实是________科学依据的。
8. 听说那个地区的治安状况不好，生活在那里的人民缺乏必要的________。

四、判断下列句子对错，并把错误的改正过来：

1. 能在这里遇见你，我真有幸运。（　　）
2. 过年的时候大家见了面都会说一些吉利的话。（　　）
3. 历来女人很喜欢逛商场。（　　）

4. 我最喜欢旅行莫过于去西藏。（　　）
5. 你的汉语发音不好，中国人难以懂。（　　）
6. 没有安全感，更谈不上幸福感了。（　　）
7. 统计数字表明，现在离婚率越来越大。（　　）
8. 我喜欢吃辣的，相反，他喜欢吃甜的。（　　）
9. 小李因为迟到而老师批评了他。（　　）
10. 那个女孩是否阿里的女朋友，我也不知道。（　　）

五、用指定词语回答问题：

1. 听了这个故事，你为什么哭了？（为……所……　忍不住）

2. 你觉得最幸福的事情是什么？（最……莫过于……）

3. 拿到成绩单后，为什么小李很高兴而小王却很难过？（相反）

4. 听说很多中国人喜欢“八”，为什么？（因……而……）

5. 听说你爷爷八十多岁了，身体怎么样？生活上需要不需要照顾？（挺……的　历来）

六、用指定词语完成句子：

1. 好多人结婚、搬家一定要选个好日子，这说明________________。（左右）
2. 听说很多人喜欢“九”，是因为________________。（谐音）
3. 长江、黄河________________。（象征）
4. A：如果去北京一定要游览什么地方呢？
   B：长城、故宫、颐和园、天坛等自然要去，因为________________。（举世闻名）
5. A：你知道人们为什么会迷信吗？
   B：这是个复杂的问题，________________。（一时　难以）
6. A：他们俩为什么一定要离婚？
   B：听说________________，每天都吵架，实在不能一起生活了。（毫无）

7. 过春节的时候，中国人＿＿＿＿＿＿＿＿＿＿＿＿＿＿＿＿。（历来）

8. ＿＿＿＿＿＿＿＿＿＿＿＿＿＿，我们还是进屋里谈吧。（挺……的）

9. 对于学生来说，＿＿＿＿＿＿＿＿＿＿＿＿＿＿＿＿＿＿＿。（最……莫过于……）

10. 这种商品的广告做得很好，大家＿＿＿＿＿＿＿＿＿＿＿＿＿＿＿＿。（为……所……）

七、连词成句：

1. 中国人　知道　你　数字　为什么　不　那个　吗　喜欢

＿＿

2. 偏爱　皇帝们　“九”　中国　历来　对　的　比较　，这个　认为　数字　是　最　的　吉利

＿＿

3. 表明　数字　统计　，航空　十三号　事故率　高　的　平时　不比

＿＿

4. 在　下　情况　一般　，迷信　女性　比　容易　相信　男性　更

＿＿

5. 是　欢迎　九　在　号码　尾数　或　八　的　电话　很　中国　受

＿＿

6. 安全感　可以　人　据说　迷信　某种　在……上　给　提供　程度　一种

＿＿

八、连句成段：

A. 在锻炼中愉快地交流

B. 但今天“花钱买健康”的观念正逐步深入人心

C. 很多年轻人在聚会和谈生意的时候把朋友和客人请到运动场馆

D. 为健康而消费也成为大多数年轻人的新时尚

E. 过去很多人存钱是为了养老防病

正确顺序：＿＿＿＿＿＿＿＿＿＿＿＿＿＿＿＿

九、写一写（每个话题至少写 150 字）：

1. 中国人一般偏爱什么数字？忌讳什么数字？为什么？谈谈你们国家在这方面的情况，并说明原因。
2. 西方人不喜欢什么数字？为什么“十三号”和“星期五”赶在一天更不吉利？你认同“迷信有益论”吗？请谈谈你对迷信的看法。

十、课外应用：

1. 在街头随机采访几个人，问问他们有没有数字方面的迷信，记录下来，课上汇报。
2. 通过各种方式（上网、问朋友……）了解一下，现在年轻人喜欢用哪些数字的谐音来表达自己的意思，并尽量把数字以及数字所代表的意思记录下来，课上跟大家分享。（比如：1414 是“要死要死”的意思，属于不吉利的数字。）